Nietzsche

O Anticristo

Nietzsche

O Anticristo
Ensaio de crítica do cristianismo

Tradução
Antonio Carlos Braga

Lafonte

Título original Alemão: *Der antichrist, Fluch auf das Christentum*

Direção Editorial *Sandro Aloísio*
Organização Editorial *Ciro Mioranza*
Tradução *Antonio Carlos Braga*
Revisão e Copidesque *Nídia Licia Ghilardi / Suely Furukawa*
Diagramação *Marcelo Sousa | deze7 Design*
Imagem *Christ and the Adulteress (detalhe), Pieter Bruegel the Younger, Wikimedia Commons*

Dados Internacionais de Catalogação na Publicação (CIP)
(Câmara Brasileira do Livro, SP, Brasil)

Nietzsche, Friedrich, 1844-1900.
O Anticristo : ensaio de crítica do cristianismo / Nietzsche ; tradução Antônio Carlos Braga. -- São Paulo : Lafonte, 2017.

Título original: Der antichrist, fluch auf das christentum
ISBN 978-85-8186-251-4

1. Anticristo 2. Cristianismo - Filosofia 3. Cristianismo - Literatura controversa 4. Dionísio (Divindade grega) 5. Filosofia alemã 6. Poesia alemã I. Título.

17-10128 CDD-193

Índices para catálogo sistemático:

1. Nietzsche : Filosofia alemã 193

Direitos de edição em língua portuguesa, para o Brasil, adquiridos por Editora Lafonte Ltda.

Av. Profa. Ida Kolb, 551 – 3º andar – São Paulo – SP – CEP 02518-000
Tel.: 55 11 3855-2286
atendimento@editoralafonte.com.br • www.editoralafonte.com.br

Índice

Apresentação

O Anticristo é uma obra em que Nietzsche destila todo o seu veneno contra a religião cristã. Ateu convicto, movido por grande desprezo pelo sentimento religioso, o autor se empenha em provar que a religião cristã foi o maior desastre ocorrido no mundo ocidental e em todas as partes do globo para onde essa religião foi exportada.

O Anticristo é um livro essencialmente anticristão. Não envolve outras religiões, pelo contrário, Nietzsche tece rasgados elogios ao budismo e mesmo ao islamismo. Sua decepção, para não dizer raiva, ódio, rancor, é o cristianismo, não importando a corrente dessa religião: catolicismo e protestantismo, segundo a macrodivisão que ele utiliza e segue no decorrer da obra.

Quem destruiu o império romano? O cristianismo. Quem colocou no ostracismo todas as conquistas culturais e científicas dos gregos e dos romanos? O cristianismo. Quem é responsável pela decadência, pelo declínio do mundo? O cristianismo. E assim por diante. Nietzsche escreve com ferocidade contra todas as "invenções" e contra todas as "mentiras" propaladas pela religião cristã para conquistar o poder, para se manter no poder, para dominar o mundo. Para isso, precisava pregar a miséria, a abnegação, a opressão dos instintos, a deformação dos sentidos, a condenação do prazer, a negação da vida em prol de uma recompensa no além, de uma salvação, de uma redenção do pecado e em detrimento da própria existência, da vontade de viver, da plenitude da vida. Enfim, a maior corrupção moral, filosófica e política de que se tem notícia é o cristianismo.

Nem é necessário dizer mais. *O Anticristo* é um grito veemente e mesmo feroz de um ateu. Para os ateus deve ser um livro interessante; para os indiferentes em questões de religião deve ser igualmente um livro indiferente; para os não-cristãos tolerantes em confronto com as demais religiões deve representar um livro a ser lido talvez com criteriosa desconfiança e sem muito entusiasmo; para os cristãos deve parecer um livro escandaloso, pérfido, malcriado, produto de um pensador que leva até limites impensáveis seu ódio contra uma religião; para os fanáticos de qualquer outra religião que não a cristã – que aqui é a grande vítima – para os fanáticos, para eles não há espaço disponível nesta introdução; nem deveria haver em qualquer outra publicação, porquanto eles fogem dos limites do pensar, do agir e do crer.

Ciro Mioranza

PREFÁCIO

Este livro é para os muito raros eleitos. Talvez não exista mais nenhum deles. Poderiam ser aqueles que compreendem meu *Zaratustra*: como poderia me confundir com aqueles que desde já estão com os ouvidos prontos para escutar? – Somente depois de amanhã me pertence. Alguns nascem póstumos.

As condições que é preciso preencher para me compreender e em seguida me compreender infalivelmente – eu as conheço muito bem. É preciso ser probo nos negócios do espírito até a dureza para suportar minha seriedade, minha paixão. É preciso estar acostumado a viver na altitude – para ver *abaixo* de si o lamentável palavrório atual feito de política e de egoísmo dos povos. É preciso ter-se tornado indiferente, não se deve jamais perguntar se a verdade é útil, se pode ser uma fatalidade... Possuir uma predileção pela força para questões diante das quais hoje ninguém tem coragem; a coragem do *interdito*; a predestinação ao labirinto. Uma experiência que surgiu de sete solidões. Ouvidos novos para uma música nova. Olhos novos para distâncias extremas. Uma nova consciência para verdades que até então permaneceram mudas. E a vontade de uma economia em grande estilo: recolher sua força, seu entusiasmo... O respeito de si; o amor de si; a liberdade absoluta para consigo...

Pois bem! Somente esses são meus leitores, meus verdadeiros leitores, meus leitores predestinados: que importa o *resto*? – O resto é somente a humanidade. – É preciso ser superior à humanidade pela força, pela *altura* de alma – pelo desprezo...

Friedrich Nietzsche

1

Olhemo-nos no rosto. Somos hiperbóreos[1] – sabemos muito bem como vivemos longe. "Nem por terra nem por mar encontrarás o caminho que te leve aos hiperbóreos": aí está o que Píndaro[2] já sabia de nós. Além do norte, do gelo, da morte – *nossa* vida, *nossa* felicidade... Descobrimos a felicidade, conhecemos o caminho, encontramos a via para sair de milênios inteiros do labirinto. Quem o descobriu, *além de nós*? – O homem moderno, talvez? – "Não sei mais para quem me voltar; sou tudo aquilo que não sabe mais para que se voltar" – suspira o homem moderno... É *essa* modernidade que nos tornava doentes – essa paz indolente, esse compromisso covarde, toda essa impureza virtuosa do sim e do não modernos. Essa tolerância e essa magnanimidade do coração que "perdoa" tudo porque ela tudo "compreende", é um siroco para nós. Antes viver nas geleiras do que entre as virtudes modernas e outros ventos do sul!... Tínhamos bastante audácia, não poupávamos nem a nós mesmos nem aos outros: mas por muito tempo não soubemos *para que* dirigir nossa audácia. Nós nos tornamos mornos e nos chamavam fatalistas. *Nosso próprio destino* – era a plenitude, a tensão, o *acúmulo* de

[1] Hiperbóreos era, entre os gregos, o designativo de um povo mítico que vivia no extremo norte do globo (vocábulo formado de hyper, acima, hiper, e bóreios, boreal, setentrional), povo amado por Apolo e famoso por sua compaixão e sua felicidade. Os hiperbóreos viviam despreocupados e felizes e viviam mais que os homens de outros povos. Sua região só podia ser atingida com a ajuda dos deuses (NT).

[2] Píndaro (518-438 a. C.) , poeta, autor de Píticas (NT).

forças. Tínhamos sede de relâmpagos e de proezas. Nós nos mantínhamos o mais longe possível da felicidade dos fracos, da resignação... Havia tempestades em nosso ar, a natureza em nós se obscurecia – *pois não dispúnhamos de nenhum caminho.* Fórmula de nossa felicidade: um sim, um não, uma linha reta, um *objetivo...*

2

O que é bom? – Tudo aquilo que eleva no homem o sentimento do poder, a vontade de poder, o próprio poder.

O que é mau? – Tudo aquilo que provém da fraqueza.

O que é a felicidade? – O sentimento que a força *cresce* – que uma resistência foi superada.

Não a satisfação, mas mais poder; *não* a paz em si mesma, mas a guerra; *não* a virtude, mas a capacidade (virtude no estilo da Renascença, a *virtù,* a virtude isenta de moralismo).

Os fracos e os fracassados devem perecer: primeiro princípio de *nossa* filantropia. E realmente se deve ajudá-los nisso.

O que é mais nocivo que um vício qualquer? – A compaixão em ato para todos os fracassados e os fracos – o cristianismo...

3

O problema que apresento assim não é o de saber o que deve substituir a humanidade na escala dos seres (– o homem é um *fim* –): mas que tipo de homem se deve *criar,* se deve *querer* como tipo de um valor mais elevado, mais digno de viver, mais seguro de um futuro.

Esse tipo de um valor mais elevado já se apresentou muitas vezes: mas como um feliz acaso, como uma exceção, nunca como resultado de uma *vontade*. Pelo contrário, é *ele* que justamente foi o mais temido, era até aqui quase a coisa mais temida em si; – e esse temor fez com que se quisesse, se desejasse, se *obtivesse* o tipo contrário: o animal doméstico, o animal de rebanho, o homem animal doente – o cristão...

4

A humanidade *não* representa *em absoluto* uma evolução em direção ao melhor, ao mais forte, ao mais elevado no sentido como se acredita hoje. O "progresso" é apenas uma ideia moderna, ou seja, uma ideia falsa. O europeu de hoje, em valor, fica muito abaixo do europeu da Renascença; o prosseguimento da evolução *não* implica em absoluto, como consequência de alguma forma inevitável, a elevação, o acréscimo, o aumento da força.

Em outro sentido, há um sucesso contínuo de casos individuais nos locais mais diversos da terra e nas mais variadas culturas, casos em que se manifesta o que é de fato um tipo *mais elevado*: algo que, comparado à humanidade em seu conjunto, parece uma espécie de sobre-humano. Semelhantes acasos felizes de sucesso sempre foram possíveis e talvez serão sempre possíveis: e até mesmo famílias, linhagens, povos em seu conjunto podem, em certas circunstâncias, representar semelhantes *ditosos acasos*.

5

Não se deve embelezar nem enfeitar o cristianismo: ele travou uma *guerra de morte* contra esse tipo *superior* de homem, excomungou todos os instintos fundamentais desse tipo, tomou todos esses instintos para fazer deles um concentrado do mal, o mau: – o homem forte como o tipo do réprobo, do "homem depravado". O cristianismo tomou o partido de tudo o que é fraco, baixo, fracassado, instituiu como ideal a *oposição* aos instintos de conservação da vida forte; viciou até mesmo a razão das naturezas mais fortes no espírito, ensinando a classificar os valores mais elevados da intelectualidade como pecaminosos, como enganosos, como tentações. O exemplo mais lamentável: o corrompimento de Pascal, o qual acreditava na corrupção de sua razão pelo pecado original, quando na realidade não estava corrompida senão por seu cristianismo!

6

É um espetáculo doloroso, horrível que se apresentou a meus olhos: tirei o véu que recobre a *corrupção* do homem. Essa palavra, em minha boca, está pelo menos ao abrigo de uma suspeita: que contenha uma acusação moral contra o homem. Eu o entendo – e gostaria de sublinhá-lo novamente – como *isento de moralismo*: e isso no ponto em que justamente constatei mais fortemente essa corrupção, onde até aqui se aspirava mais conscientemente à "virtude", à "natureza divina". Compreendo a corrupção, é fácil de ser adivinhada, no sentido de *decadência*: o que afirmo é que todos os valores nos quais a humanidade apoia todos os seus desejos supremos são valores de *decadência*.

Denomino corrompido um animal, uma espécie, um indivíduo, quando perde seus instintos, quando escolhe, quando *prefere* o que lhe é prejudicial. Uma história dos sentimentos elevados, dos "ideais da humanidade" – e é possível que tenha de contá-la – seria quase ao mesmo tempo uma explicação do porquê de semelhante corrupção do homem. A própria vida é para mim instinto de crescimento, de duração, de acumulação de forças, de *potência*: sempre que faltar a vontade de potência, há declínio. O que afirmo é que essa vontade *faz falta* em todos os valores supremos da humanidade – que os valores de *declínio*, os valores *niilistas* reinam sob os mais sagrados nomes.

7

Chamamos o cristianismo a religião da *compaixão*. – A compaixão se opõe às paixões tônicas que elevam a intensidade do sentimento vital: ela age de maneira depressiva. Perdemos força quando nos compadecemos. A compaixão faz com que aumente e se diversifique mais ainda a perda de força que causa para a vida todo sofrimento. A compaixão torna o próprio sofrimento contagioso; há circunstâncias em que leva a uma perda geral de vida e de energia vital que é totalmente desproporcional com sua causa (– esse é o caso da morte do Nazareno). Esse é o primeiro aspecto da coisa; mas há um segundo, ainda mais importante. Supondo que se meça a compaixão com o valor das reações que ela costuma suscitar, sua característica de perigo para a vida se manifesta muito mais cruamente ainda. A compaixão barra em seu conjunto a lei da evolução, que é a lei da *seleção*. Guarda o que está maduro para o perecimento, luta em favor dos deserdados e dos condenados da vida, confere à própria vida um aspecto mais sinistro e mais duvidoso pela massa dos fracassos de todos os que ela *mantém*. Houve a ousadia de denominar a compaixão uma virtude (– em toda moral *nobre*, ela é vista como uma fraqueza –); ousando ainda mais, dela se fez a virtude, o fundamento e a origem de todas as virtudes – do único ponto de vista, é verdade, coisa que deveria ser reservada ao espírito de uma filosofia que era niilista, que se atribuía como palavra de ordem a *negação da vida*. Nisso Schopenhauer tinha razão em seu sentido: a compaixão faz negar a vida, a torna *mais digna de ser negada*. – A compaixão é a *prática* do niilismo. Mais uma vez: esse instinto depressivo e contagioso barra os instintos que visam a conservação e a valorização da vida. É, tanto como *multiplicador* da miséria como *conservador* de toda miséria, um instrumento capital de crescimento da *decadência* – a compaixão converte ao *nada*!... Não se diz "nada": em lugar disso se diz "no além"; ou "Deus"; ou a "verdadeira vida"; ou o nirvana, a redenção, a beatitude... Essa retórica inofensiva do reino da idiossincrasia religiosa e moral se mostra *muito menos inofensiva* quando se percebe *que* tendência na ocasião se oculta sob o manto das palavras sublimes: a tendência *hostil* à vida. Schopenhauer era hostil à vida: é *por isso* que a compaixão se tornou a seus olhos uma virtude... Aristóteles, como é sabido, via na compaixão um estado doentio e perigoso, cujo remédio, segundo ele, era um purgativo ocasional: considerava a tragédia como um purgativo. O instinto da vida deveria levar, de fato, a procurar um meio de refrear semelhante acumulação doentia e perigosa como a representa o caso de Shopenhauer (e infelizmente também toda a nossa *decadência* literária e artística, de São Petersburgo a Paris, de Tolstoi a Wagner) com um belo golpe de cabresto: para que ela *morra*... Nada é mais insalubre, no meio de nossa insalubre modernidade, que a compaixão cristã. *Aqui* é o caso de médico, *aqui* é o caso de ser implacável, *aqui* é o caso de aplicar o bisturi – isso compete a *nós,* é *nossa* espécie de filantropia, é nisso que *nós* somos filósofos, nós, hiperbóreos!

8

É necessário dizer *quem* sentimos como nossa antítese: – os teólogos e tudo o que tem sangue de teólogo nas veias – toda a nossa filosofia... É necessário ter visto essa funesta fatalidade de perto, melhor ainda, é preciso tê-la experimentado em si, é preciso ter praticamente sucumbido a ela para compreender que isso não é qualquer brincadeira (– o livre pensamento de nossos senhores naturalistas e fisiologistas é, a meu ver, uma *brincadeira* – falta a eles a paixão nessas coisas, o que se *sofre* por elas –). Esse envenenamento vai muito mais longe do que se pensa: encontrei toda a arrogância instintiva do teólogo em todo lugar onde hoje há quem se considere "idealista" – onde, em virtude de uma origem mais elevada, se reivindica o direito de olhar a realidade com ar superior e distante... O idealista, assim como o padre, tem em suas mãos (– e não só em suas mãos!) todas as grandes noções e se manifesta com um desprezo afável contra o "entendimento", os "sentidos", as "honrarias", o "boa vida", a "ciência"; olha essas coisas *do alto de si* como forças perniciosas e pervertedoras, acima das quais "o espírito" plana em seu puro "para si em si"[3]: – como se a humildade, a castidade, a pobreza, numa palavra, a *santidade* não tivessem causado até aqui incrivelmente mais dano à vida que quaisquer abominações e vícios... O puro espírito é a pura mentira... Enquanto o padre for visto ainda como uma espécie *superior* de homem, ele que é por *profissão* negador da vida, não haverá resposta à pergunta: *O que é* a verdade? A verdade já foi posta de cabeça para baixo quando o advogado consciente do nada e da negação é visto como o representante da verdade.

[3] Nietzsche usa o vocábulo Fur-sich-heit que pode ser traduzido também como ipseidade ou num neologismo ao gosto do próprio Nietzsche, "porsiismo, para-siísmo" (NT).

9

Contra esse instinto de teólogo é que eu movo a guerra: encontrei seus vestígios em toda parte. Aquele que possui sangue teológico se mantém à primeira vista às portas do falso e de uma maneira desleal com relação à verdade. O estado afetivo que disso decorre se chama *fé:* fechar os olhos de uma vez por todas para si mesmo, a fim de não sofrer com o aspecto de sua incurável *falsidade*. A partir dessa ótica falsificada sobre todas as coisas, se constrói uma moral, uma virtude, uma santidade, se conecta a boa consciência à visão falsificada – e se exige que nenhuma outra espécie de ótica possa valer uma vez que se tornou a própria sacrossanta, graças às denominações de "Deus", "redenção", "eternidade". Descobri ainda o instinto de teólogo em toda parte: é a forma mais difundida, verdadeiramente a mais *subterrânea*, da falsidade que há na terra. O que um teólogo considera verdadeiro *não pode não ser* falso: nisso reside praticamente um critério da verdade. É seu profundo instinto de conservação que não lhe permite honrar ou sequer mencionar a verdade sob qualquer ponto de vista. Por mais longe que a influência dos teólogos leve, *o juízo sobre o valor* é invertido de cima para baixo, as ideias de "verdadeiro" e de "falso" são necessariamente invertidas: o que é mais prejudicial à vida é chamado "verdadeiro", o que a exalta, a intensifica, a afirma, a justifica e a torna triunfante, isso é chamado "falso"... Se ocorre que teólogos, por intromissão da "consciência" dos príncipes (*ou* dos povos –), estendem suas mãos para o *poder*, não duvidemos *daquilo* que se passa toda vez no fundo: a vontade do fim, a vontade *niilista* quer o poder...

10

Entre os alemães, compreende-se imediatamente se digo que a filosofia é corrompida pelo sangue de teólogo. O pastor protestante é o avô da filosofia alemã, o próprio protestantismo é seu *peccatum originale* (pecado original). Definição do protestantismo: hemiplegia do cristianismo – *e* da razão... Basta pronunciar somente as palavras "seminário de Tubingen"[4] para compreender *o que é* fundamentalmente a filosofia alemã – uma teologia *insidiosa*... Os suevos são os melhores mentirosos da Alemanha; mentem com inocência... Disso provém a exultação que tomou conta da entrada em cena de *Kant* no mundo dos sábios alemães, composto em três quartos por filhos de pastores e de professores – disso vem a convicção alemã, e que encontra ainda hoje até mesmo um eco, que Kant inaugura uma mudança para *melhor*? O instinto do teólogo, do sábio alemão adivinhava *quais possibilidades* se ofereciam doravante de novo... Um caminho diferente se abria para o ideal antigo, a ideia de "verdadeiro mundo", a ideia da moral como *essência* do mundo (– os dois erros mais perniciosos que já existiram!) estavam praticamente de novo, graças a uma dúvida cética sutil e maligna, se não demonstráveis, *pelo menos irrefutáveis*... A razão, o *direito* da razão, não vai tão longe... Haviam feito da realidade uma "aparência"; haviam transformado um mundo perfeitamente *falso*, aquele do ser, em realidade... O sucesso de Kant foi um sucesso meramente teológico: Kant foi, como Lutero, como Leibniz, um entrave a mais para a probidade alemã, já em si mesma muito incerta.

---

[4] O seminário de teologia protestante de Tubingen ficou célebre na Alemanha sobretudo por três de seus alunos: Hegel, Schelling e Hölderlin (NT).

11

Uma palavra ainda contra Kant como *moralista*. A virtude deve ser *nossa* invenção, deve *nossa* legítima defesa e *nossa* urgência mais pessoais: em qualquer outro sentido, não passa de um perigo. O que não é necessidade para nossa à vida lhe causa *prejuízo*: uma virtude que não deriva senão do sentimento de respeito para com a ideia de "virtude", no sentido em que Kant a entendia, é prejudicial. A "virtude", o "dever", o "bem em si", o bem caracterizado pela impessoalidade e pela universalidade – coisas vãs em que se exprimem o declínio, a última debilitação da vida, as quinquilharias chinesas de Königsberg[5]. É o contrário que exigem as mais profundas leis da conservação e do crescimento: que cada um invente *sua* virtude, *seu* imperativo categórico. Um povo se arruína quando confunde seu dever com a ideia do dever em geral. Nada demole mais profundamente, mais intimamente que todo dever "impessoal", que todo sacrifício ao Moloc[6] da abstração. – E imaginar que ninguém pensou no imperativo categórico de Kant como *perigoso para a vida*!... Foi somente o instinto de teólogo, somente ele, que o tomou sob sua proteção! – Uma ação suscitada pelo instinto de vida encontra no prazer a prova de que é uma ação *justa*: e esse niilista de vísceras cristãs e dogmáticas considerava o prazer como uma *objeção redibitória*... O que é que destrói mais rapidamente que trabalhar, pensar, sentir sem necessidade interior, sem escolha profundamente pessoal, sem prazer? Como autômato do "dever"? É decididamente a receita da *decadência* e até da idiotice... Kant se tornou idiota. – E ele era contemporâneo de *Goethe*! E foi essa funesta teia de aranha que foi considerada como o filósofo *alemão!* – e continua ainda a sê-lo!...

---

[5] (1) Königsberg é a cidade onde Kant nasceu e passou toda a sua vida – ver biografia no inicio desta publicação (NT).

[6] Divindade dos cananeus (povos que viviam no mesmo território dos hebreus e em outros territórios contíguos), à qual eram sacrificadas crianças.

Eu me recuso em dizer o que penso dos alemães... Kant não viu na Revolução Francesa a passagem da forma inorgânica do Estado para sua forma *orgânica*? Não se perguntou se há um episódio que não possa absolutamente se explicar de outra maneira que não seja por uma disposição moral da humanidade, de tal modo que "a tendência da humanidade ao bem" seja *demonstrada* de uma vez por todas? Resposta de Kant: "É a revolução." O instinto do equívoco em tudo e sobre tudo, a *contranatureza* como instinto, a *decadência* alemã como filosofia – *isso é Kant*!

12

Ponho de lado alguns céticos, do tipo decente que a história da filosofia comporta: mas o resto ignora as exigências elementares da probidade intelectual. Todos eles se comportam como donzelas, todos esses grandes exaltados e fenômenos – consideram sem dificuldade os "belos sentimentos" como argumentos, o "peito estufado" como um sopro da divindade, a convicção como um *critério* da verdade. Para terminar, Kant, em sua inocência "alemã", procurou conferir um valor científico a essa forma de corrupção, a essa falta de consciência intelectual, sob a denominação de "razão prática": ele inventou deliberadamente uma razão para saber em que caso não se tem de se preocupar com a razão, isto é, quando a moral, quando a exigência sublime "tu deves" se fizesse ouvir. Ao pensar que, entre quase todos os povos, o filósofo não é senão o desenvolvimento do tipo sacerdotal, essa herança do sacerdote, que é a *fraude contra si mesmo*, deixa de ser algo surpreendente. Quando alguém tem deveres sagrados, por exemplo, de corrigir, de salvar, de resgatar os homens – quando esse alguém traz a divindade em seu peito, quando é o porta-voz dos imperativos do além, se considera sem dificuldade, com semelhante missão, fora de todas as avaliações do simples entendimento – *ele próprio* já está santificado por semelhante dever, ele próprio se sente o tipo de uma ordem superior!... Que importa a ciência a um padre! Ele se considera muito elevado para isso! – E foi o padre que até agora *dominou*! – Foi ele que *fixou* a noção de "verdadeiro" e de "falso"!

13

Não subestimemos isso: *nós mesmos*, nós espíritos livres, já somos uma "transavaliação de todos os valores", uma declaração de guerra e de vitória *personificada* contra todas as velhas noções de "verdadeiro" e de "falso". As intuições mais preciosas são aquelas que se tem por último: as intuições mais preciosas são os *métodos*. *Todos* os métodos, *todas* as condições de exercício de nossa cientificidade atual foram alvo durante milênios do mais profundo desprezo; caso alguém se interessasse por eles era excluído da sociedade das pessoas "decentes" – passava por "inimigo de Deus", por contemptor da verdade, por um "possesso". Como alguém de espírito científico, a gente é visto como um *chandala*[7]... Tivemos contra nós todos os sentimentos passionais da humanidade – sua ideia do que *deve* ser a verdade, do que *deve* ser o serviço da verdade: todos os "tu deves" eram até aqui dirigidos *contra nós*... Nossos objetivos, nossas práticas, nossa maneira tranquila, prudente, desconfiada – tudo isso lhes parecia perfeitamente indigno e desprezível. – Finalmente, se poderia, não sem razão, se perguntar se não foi de fato um gosto *estético* que manteve a humanidade numa tão longa cegueira: o que se exigia na verdade era um efeito *pitoresco*, exigia-se de uma só vez do homem de conhecimento agir decididamente sobre seus sentidos. Foi nossa *modéstia* que por tanto tempo estragou seu gosto... Oh! Como adivinharam em isso, esses perus de Deus!

[7] Chandala é o designativo da casta mais baixa na sociedade indiana (NT).

14

Nós desaprendemos algo. Nós nos tornamos em todos os pontos mais modestos. Não fazemos mais o homem descender do "espírito", da "divindade", nós o recolocamos entre os animais. Ele nos parece o animal mais forte porque é o mais astuto: um dos corolários disso é sua intelectualidade. Por outro lado, nos defendemos de uma vaidade que talvez também gostaria de se mostrar rumorosamente: ela se manifestaria como se o homem tivesse sido a grande intenção oculta da evolução animal. Ele não é, de forma alguma, a coroação da criação: ao lado dele, cada ser está a um grau igual da perfeição... E afirmando isso, afirmamos muito ainda: o homem é, relativamente falando, o mais fracassado, o mais doentio, aquele que se afastou mais perigosamente de seus instintos – é verdade que, apesar de tudo isso, é também o animal *mais interessante*! – No que concerne ao animal, Descartes foi o primeiro, com uma audácia digna de admiração, a ter ousado lançar a ideia de compreender o animal como *máquina*: toda a nossa fisiologia se esforça para provar essa tese. Logicamente, não colocamos o homem à parte, como fazia Descartes: tudo o que hoje podemos compreender do homem está exatamente circunscrito pelos limites onde pode ser compreendido como uma máquina. Outrora, conferia-se ao homem a "liberdade" do querer, como herança de uma ordem superior: hoje, nós lhe tiramos até mesmo a vontade, no sentido em que não se tem mais o direito de entender com isso uma faculdade. A velha palavra "vontade" só serve para designar uma resultante, uma espécie de reação individual, sendo seguida necessariamente de uma multidão de estímulos que ora se contradizem, ora concordam: – a vontade não "age" mais, não "move" mais... Outrora se via na consciência do homem, no "espírito", a prova de sua origem superior, de sua divindade; para tornar o homem *perfeito*, era aconselhado a recolher em si seus sentidos, como a tartaruga, interromper todo comércio com o que fosse terrestre, abandonar seu invólucro mortal: nada mais restava dele, a não ser o "puro espírito". Aqui também pensamos melhor sobre o assunto: a consciência, "o espírito", aparecem a nossos olhos justamente como um sintoma de relativa imperfeição do organismo, como uma experiência, um tatear, um equívoco, como um esforço que leva inutilmente a consumir muita força nervosa – negamos que qualquer coisa possa ser feita com perfeição enquanto é feita conscientemente. O "puro espírito" é uma pura estupidez: se em nossos cálculos esquecermos o sistema nervoso e os sentidos, o "invólucro mortal", *ficamos bem longe de todo cálculo* – e isso é tudo!

15

No cristianismo, nem a moral nem a religião têm qualquer ponto em comum com a realidade. Nada além de *causas* imaginárias ("Deus", "alma", "eu", "espírito", a "vontade livre" – ou até mesmo a "vontade não-livre"); nada além de *efeitos* imaginários ("pecado", "redenção", "graça", "punição", "remissão dos pecados"). Um intercurso entre *seres* imaginários ("Deus", "espíritos", "almas"); uma ciência da *natureza* imaginária (antropocêntrica; ausência completa da noção de causas naturais); uma *psicologia* imaginária (nada além dos mal-entendidos sobre si, das interpretações de sentimentos gerais agradáveis ou desagradáveis, por exemplo, os estados do *nervus sympathicus,* por meio da semiótica da idiossincrasia religiosa e moral – "arrependimento", "remorso", "tentação do maligno", "a proximidade de Deus"); uma *teleologia* imaginária (o "reino de Deus", "o juízo final", a "vida eterna"). – Esse *universo* de pura *ficção* se distingue com total desvantagem daquele dos sonhos, no fato de que este *reflete* a realidade, enquanto que *aquele* falsifica, desvaloriza e nega a realidade. Uma vez inventada a ideia de "natureza" para opô-la àquela de "Deus", era necessário que a palavra "natural" fosse sinônimo de "condenável" – esse universo de pura ficção tem sua origem no *ódio* contra o natural (– a realidade! –), é a expressão de um profundo mal-estar diante do real... *Mas aí está quem explica tudo. Quem* tem unicamente, portanto, razões para *fugir da realidade pela mentira*? Quem *sofre* com ela. Mas sofrer com a realidade significa ser uma realidade *malograda*... A preponderância dos sentimentos de desgosto sobre aqueles de prazer é a *causa* dessa moral e dessa religião fictícias: ora semelhante preponderância fornece a fórmula da *decadência*...

16

Uma crítica da *ideia cristã de Deus* conduz necessariamente à mesma conclusão. – Um povo que ainda acredita em si mesmo tem também seu próprio Deus. Nele ele adora as condições que lhe permitem ter o que está acima, suas virtudes – projeta, num ser que pode ser agradecido por isso, o prazer que tem em si, seu sentimento de potência. Quem é rico quer dar; um povo altivo necessita de um Deus para lhe *oferecer sacrifícios*... A religião, nos limites dessas pressuposições, é uma forma de gratidão. O homem é grato por aquilo que é em si: é por isso que precisa de um Deus. – É necessário que esse Deus possa ser útil e nocivo, é necessário que seja amigo e inimigo – é admirado tanto no bem quanto no mal. A castração *antinatural* de um Deus para reduzi-lo a um Deus do bem não seria no caso coisa a desejar de forma alguma. Há também a necessidade de um Deus mau da mesma forma que de um Deus bom; com certeza ninguém deve sua própria existência precisamente à tolerância, à filantropia... Que importaria um Deus que não conhecesse a ira, a vingança, a inveja, o desprezo, a astúcia, a violência? Ao qual, por exemplo, não fossem conhecidos os ardores encantadores da vitória e do extermínio? Não se compreenderia tal Deus: por que então tê-lo? – Para dizer a verdade, quando um povo perece, quando sente desaparecer definitivamente sua fé no futuro, sua esperança de liberdade, quando a submissão se impõe a ele como a primeira necessidade, sendo as virtudes do homem submisso condições de conservação, então *é preciso* que seu Deus mude também. Ele se torna então covarde, poltrão, recatado, aconselha a "paz da alma", o abandono do ódio, a tolerância, o "amor" aos amigos e também aos inimigos. Moraliza constantemente, se introduz ao reparo de todas as virtudes privadas, se torna um Deus de todos, se torna um simples cidadão privado, se torna um cosmopolita... Outrora ele representava um povo, a força de um povo, tudo o que há de agressivo e de sequioso de poder na alma de um povo: agora não é nada mais que o bom Deus... Na realidade, não há alternativa para os Deuses: *ou* são a vontade de potência – e em todo esse tempo serão Deuses de um povo – *ou* são, pelo contrário, a impotência defronte da potência – e então se tornam necessariamente *bons*...

17

Onde, sob uma forma qualquer, a vontade de potência declinar, há também toda vez uma regressão fisiológica, uma *decadência*. A divindade da *decadência*, circuncidada de suas virtudes e de seus impulsos mais viris, se torna doravante necessariamente o Deus dos regressivos fisiológicos, dos fracos. *Evidentemente*, não são chamados os fracos, mas são chamados "os bons"... Compreende-se, sem que seja necessário qualquer outro sinal, em que momentos da história a ficção dualista de um Deus bom e de um Deus mau começa a se tornar possível. Com a ajuda do mesmo instinto pelo qual os dominados reduzem seu Deus ao "bem em si", eliminam as boas qualidades do Deus de seus dominadores; eles se vingam de seus senhores, *demonizando* o Deus deles. – O *bom* Deus, assim como o diabo – ambos são produtos da *decadência*. – Como se pode hoje ainda conceder o benefício da ingenuidade aos teólogos cristãos, a ponto de decretar com eles que a passagem da ideia de Deus, do "Deus de Israel", do Deus de um povo ao Deus cristão, à incarnação de todo bem, é um *progresso*? – É, no entanto, o que fez Renan[8]. Como se Renan pudesse reclamar para si a ingenuidade! É o contrário que salta aos olhos. Quando as condições da vida *ascendente*, quando tudo o que é forte, ousado, dominador, altivo forem eliminados da ideia de Deus; quando ele for rebaixado passo a passo ao símbolo de uma bengala para os exaustos, a uma tábua de salvação para todos aqueles que se afogam; quando se tornar o Deus dos pobres por *excelência*, o Deus dos pecadores, o Deus dos doentes e que o atributo de "salvador", "redentor" *continuar*, por assim dizer, como o único predicado do Deus em si: *que esconde* semelhante metamorfose? Semelhante *redução* do divino? – É verdade, com isso o "reino de Deus" cresceu. Outrora só havia mesmo seu povo, seu povo

---

[8] Ernest Renan (1823-1892), francês, escreveu História do *Cristianismo* (NT).

"eleito". Entrementes, precisamente como seu próprio povo, partiu para o exílio, como errante, desde então sem se estabelecer jamais em lugar nenhum: até sentir-se em casa em qualquer lugar, esse grande cosmopolita – até se prevalecer da "grande maioria" e da metade da terra. Mas o Deus da "grande maioria", o democrata entre os Deuses, não se tornou contudo um orgulhoso deus pagão: ele continuou judeu, continuou o Deus das esquinas, o Deus de todos os cantos e recantos tenebrosos, de todos lugares insalubres do universo inteiro!... Seu império universal é hoje como ontem um império do submundo, um hospital, um reino do *subterrâneo*, um reino do gueto... E ele mesmo tão pálido, tão fraco, tão *decadente*... Mesmo os mais pálidos entre os pálidos, os senhores metafísicos, os albinos do conceito, se tornaram senhores dele. Eles teceram em torno dele por tanto tempo sua teia de aranha que, hipnotizado por seus movimentos, ele próprio se tornou aranha, ele próprio se tornou *metafísico*. A partir de então ele próprio teceu a teia de seu próprio universo – *sub specie Spinozae*[9] – a partir de então se transfigurou numa coisa cada vez mais tênue e pálida, ele se tornou "ideal", "espírito puro", "absoluto", "coisa em si"... *Declínio de um Deus*: Deus se tornou "coisa em si".

[9] Expressão latina que significa segundo o modo de ver de Spinoza (NT).

18

A noção cristã de Deus – Deus como deus dos doentes, Deus como aranha, Deus como espírito – é uma das noções de Deus mais corruptas que jamais apareceram no mundo: representa talvez até mesmo, na evolução descendente dos tipos de Deus, o nível mais baixo. Deus degenerado como *antítese da vida*, em vez de ser sua transfiguração e seu *sim* eterno! Em Deus, a hostilidade declarada à vida, à natureza, ao querer viver! Deus, fórmula de toda calúnia do "aquém", de toda mentira do "além"! Em Deus, o nada divinizado, a vontade do nada santificada!

19

Se as raças fortes do norte da Europa não rejeitaram o Deus cristão, isso não constitui verdadeiramente uma honra à sua inteligência religiosa – para não dizer nada de seu gosto. Elas *deveriam* ter-se desembaraçado de semelhante subproduto sofredor e senil da *decadência*. Mas foi uma maldição não se terem desembaraçado dele: elas o integraram em todos os seus instintos a doença, a senilidade, a contradição – a partir de então nunca mais *criaram* um Deus! Quase dois milênios e nem um só novo Deus sequer! Mas ainda e sempre e como justificado em sua existência, como um *ultimato* e um *máximo* da faculdade de criar deuses, do *creator spiritus*[10] no homem, esse deplorável Deus do monótono-teísmo cristão! Esse produto híbrida da decadência, surgido do zero, da imaginação e da contradição, no qual todos os instintos de *decadência*, todas as covardias e todos os cansaços da alma encontram sua sanção!

[10] Expressão latina que significa criador do espírito (NT).

20

Com minha condenação do cristianismo, não gostaria de causar prejuízo a uma religião análoga, cujo número de fiéis é muito maior: o *budismo*. Ambos se identificam como religiões niilistas – são religiões da *decadência* – mas se distinguem de uma forma notável. Sendo possível realmente *compará-las*, o crítico do cristianismo deve ser profundamente reconhecidos aos estudiosos indianos. – O budismo é cem vezes mais realista que o cristianismo – herdou por atavismo a capacidade de propor problemas objetiva e friamente; surge *depois de* um movimento filosófico que durou centenas de anos; a noção de "Deus" já estava liquidada quando surge. O budismo é a única religião efetivamente *positivista* que a história nos apresenta, mesmo em sua teoria do conhecimento (um estrito fenomenalismo), não declara mais a "guerra ao *pecado*", mas, conferindo à realidade seus direitos, declara "guerra ao *sofrimento*". Ultrapassou – o que o distingue profundamente do cristianismo – o engano de si mesmo que são as noções morais – ele se mantém, para empregar minha própria linguagem, *além* do bem e do mal. – Os *dois* fatos fisiológicos nos quais se apoia e que leva em consideração são: *primeiro*, uma acentuada sensibilidade que se manifesta sob a forma de uma capacidade de sofrer refinada; *segundo*, uma superespiritualização, uma longa vida nos conceitos e nos procedimentos lógicos, na qual o instinto pessoal foi lesado em benefício do instinto "impessoal" (– estados que pelo menos alguns de meus leitores, os "objetivos", tanto como eu, conhecem por experiência). Em razão desses estados fisiológicos se produziu uma *depressão*: contra elas Buda procede com medidas higiênicas. Prescreve a vida ao ar livre, a vida errante; a moderação e a seleção na alimentação; a prudência em relação às bebidas alcoólicas; a prudência igualmente com relação a todas as paixões que afetam a bílis, que aquecem o sangue; a ausência de *preocupação* consigo mesmo ou com os outros. Exige atitudes que resultem em paz e em bom humor

– encontra meios de se liberar da dependência de outrem. Concebe a bondade, o fato de ser bom como aquilo que promove a saúde. A *oração* está excluída, bem como a *ascese*; não há imperativo categórico, nenhuma *coação* de qualquer espécie, mesmo dentro da comunidade monástica (– da qual é permitido sair –). Tudo isso seria apenas o meio de aguçar sempre mais a supersensibilidade. É também pela mesma razão que não exige tampouco a guerra contra aqueles que pensam de modo diverso; sua doutrina proíbe radicalmente o sentimento de vingança, a aversão, o *ressentimento* (– "não é a hostilidade que põe fim à hostilidade": esse é o tocante refrão de todo o budismo...). E isso com razão, pois justamente essas paixões seriam realmente insalubres, do ponto de vista da intenção principal do regime. Combate a lassidão intelectual que encontra e que se exprime por uma excessiva de "objetividade" (isto é, um enfraquecimento do interesse individual, uma perda do equilíbrio e de "egoísmo"), por meio de um estrito retorno dos interesses, mesmo os mais intelectuais, para a *pessoa*. Na doutrina de Buda, o egoísmo se torna um dever: o "uma só coisa é necessária", o "como te livrar a ti mesmo do sofrimento", regula e delimita todo o regime espiritual (– pode-se eventualmente recordar aquele ateniense que movia igualmente guerra ao puro "cientificismo", isto é, Sócrates, que até no domínio dos problemas elevou o egoísmo pessoal à moral).

21

As necessidades do budismo são um clima muito ameno, grande gentileza e grande liberalidade nos costumes, *nenhum* militarismo; e ainda, que o movimento tenha suas origens nas classes superiores e mais instruídas. Requer o bom humor, a serenidade, a ausência de desejo como objetivo supremo e esse objetivo é *alcançado*. O budismo não é uma religião na qual só se aspira à perfeição: o perfeito é a norma.

No cristianismo, são os instintos dos dominados e dos oprimidos que vêm em primeiro plano: são as classes mais baixas que procuram nele sua salvação. Ele faz discutir a casuística dos pecados, a crítica de si mesmo, a inquisição da consciência como *passatempo*, como meio de lutar contra o aborrecimento; faz manter constantemente (pela oração) a paixão para um ser *poderoso*, chamado "Deus"; mantém o soberano bem fora de alcance, como um presente, como uma "graça". Proscreve a transparência: o esconderijo e os lugares obscuros são cristãos. Faz desprezar o corpo, rejeita a higiene como sensualidade, a própria Igreja se mantém distante da limpeza (– a primeira medida cristã após a expulsão dos mouros foi o fechamento dos banhos públicos, dos quais havia 270 somente na cidade de Córdoba). O que é cristão é um certo senso de crueldade para consigo e contra os outros; o ódio contra aqueles que pensam de modo diverso; a vontade de perseguir. Ideias sinistras e irritantes estão em primeiro plano; os estados mais estimados, aqueles que são designados com os nomes mais respeitáveis, são de natureza epileptoide; o regime é escolhido de tal maneira que favoreça os fenômenos mórbidos e superestimule os nervos. O que é cristão é a hostilidade mortal contra os senhores da terra, contra os "nobres" – acompanhada de uma concorrência oculta, secreta (– deixa-se a eles o "corpo", só se quer a "alma"...). O que é cristão é o ódio contra o *intelecto*, contra o orgulho, a coragem, a liberdade, a *libertinagem* do espírito; o que é cristão é o ódio contra os sentidos, contra a alegria dos sentidos, contra a alegria em geral...

22

O cristianismo, quando abandonou seu primeiro terreno, as classes mais baixas, o *submundo*, quando partiu em busca de poder entre os povos bárbaros, não tinha mais como condição homens *fatigados*, mas homens que, interiormente, haviam voltado ao estado selvagem e se dilaceravam – homens fortes, mas frustrados. O descontentamento consigo mesmo, o sofrimento diante de si mesmo não é *mais* aqui, como entre os budistas uma acentuada sensibilidade e uma excessiva suscetibilidade à dor, mas, pelo contrário, uma excessiva ânsia para causar o mal, para descarregar sua tensão interior em ações e espetáculos odiosos. O cristianismo tinha necessidade de noções e de valores *bárbaros* para se tornar senhor dos bárbaros: assim do sacrifício dos primogênitos, do sangue bebido na ceia, do desprezo do intelecto e da cultura, à tortura sob todas as suas formas, física e moral, à pompa grandiosa do culto. O budismo é uma religião para homens que chegaram depois, para raças que se tornaram boas, amenas, superintelectualizadas, que demasiadamente fácil suportam a dor (– a Europa ainda não está madura para ele –): é uma maneira de levá-los à paz e ao bom humor, ao regime na ordem intelectual, a um certo endurecimento da ordem física. O cristianismo quer se tornar senhor de *animais de rapina*; sua estratégia consiste em torná-los *doentes* – o enfraquecimento é a receita cristã para a *domesticação*, para "civilizar". O budismo é uma religião que convém para o fim e para a lassidão da civilização; o cristianismo não as encontra nem mesmo diante dele – ele as suscita, se a ocasião se apresentar.

23

O budismo, repito, é um cem vezes mais frio, mais verídico, mais objetivo. Não tem necessidade de tornar *conveniente* a seus olhos seu sofrimento, sua suscetibilidade ao sofrimento por meio da interpretação do pecado – simplesmente diz o que pensa: "eu sofro". Para o bárbaro, ao contrário, o sofrimento não tem nada de conveniente: tem necessidade em primeiro lugar de uma exegese para reconhecer *o fato* de que sofre (seu instinto o orienta antes para a negação do sofrimento, para suportá-lo em silêncio). Aí é que a palavra "diabo" se mostrou um benefício: dispunha-se de um inimigo muito poderoso e temível – não havia mais vergonha por sofrer por causa de semelhante inimigo.

Há no fundo do cristianismo algumas sutilezas que remontam ao Oriente. Em primeiro lugar, sabe que é em si totalmente indiferente se uma coisa é verdadeira, mas que é da maior relevância *na medida* em que acredita que seja verdadeira. A verdade e a *fé* na verdade de alguma coisa: dois domínios de interesses totalmente separados, quase domínios diametralmente *opostos* – chega-se a um e a outro por caminhos fundamentalmente diferentes. Estar iniciado sobre isso – no Oriente, é o que *constitui* praticamente o sábio: é assim que o entendem os brâmanes, assim o compreende Platão, assim também todo discípulo de uma sabedoria esotérica. Quando, por exemplo, subsiste *felicidade* ao saber estar salvo do pecado, não é *de modo algum* necessário que o homem sente seja pecador, mas que se *sinta* pecador. Mas quando, antes de qualquer coisa, a *fé* é necessária, segue-se disso o descrédito da razão, do conhecimento, da investigação intelectual: o caminho da verdade se torna um caminho *proibido*. – A *esperança* forte é um estimulante da vida bem maior do que qualquer felicidade particular que se produz efetivamente. É preciso manter os sofredores por uma esperança, à qual não se possa opor nenhuma realidade – que não possa ser *aniquilada* por nenhuma realização: uma esperança no além. (É justamente por causa dessa capacidade de entreter os infelizes que a esperança era, aos olhos dos gregos, o pior mal de todos, o mal realmente *sinistro*: mal que permaneceu como fonte de todo o mal). – Para que o *amor* seja possível, Deus deve ser uma pessoa; para que os instintos possam ter seu espaço, Deus precisa ser jovem. Para suscitar o fervor das mulheres, deve ser exposto um belo santo jovem; para suscitar aquele dos homens, deve haver uma virgem Maria. Isso, supondo que o cristianismo queira dominar um território onde cultos de Afrodite ou de Adônis já tenha estabelecido a *noção* de culto. A exigência da *castidade* reforça a veemência e a interioridade do instinto religioso – torna o culto mais ardente, mais exaltado, mais fervoroso. – O amor é o estado no qual o homem vê as coisas quase totalmente como *não* são. A força de ilusão atinge nele seu auge, assim como a força de suavização, de *transfiguração*. No amor, suporta-se mais que de costume, tolera-se tudo. Era necessário inventar uma religião na qual se pudesse amar: graças ao amor, supera-se o que há de pior na vida – sequer se chega a vê-lo mais – Tudo isso se alcança com as três virtudes cristãs, fé, caridade, esperança: eu as chamo as três *astúcias* cristãs. – O budismo é muito tardio, muito positivista para ser também astucioso dessa maneira.

24

Limito-me a tocar aqui somente o problema da *origem* do cristianismo. O *primeiro* princípio para resolvê-lo é o seguinte: o cristianismo não pode ser compreendido senão a partir do solo em que nasceu – não é *de forma alguma* uma reação contra o instinto judaico; pelo contrário, é uma consequência inevitável dele, uma conclusão a mais em sua perturbadora lógica. Na fórmula do Salvador: "A salvação vem dos judeus."[11] – O *segundo* princípio é o seguinte: o tipo psicológico do Galileu ainda é reconhecível, mas é somente em sua desnaturação completa (que é a um tempo uma mutilação e uma sobrecarga de traços estranhos à sua natureza) que pôde servir àquilo pelo qual foi utilizado, ou seja, como o tipo do *redentor* da humanidade.

Os judeus são o povo mais notável da história universal, pois, diante da pergunta que lhes era posta de ser ou de não ser, preferiram o ser a *qualquer preço*, com uma lucidez perfeitamente inquietante: o preço em questão era a *falsificação* radical de toda natureza, de todo natural, de toda realidade, de todo o mundo interior e também do exterior. Eles se *definiram contra* todas as condições sob as quais, até então, um povo podia viver, tinha o *direito* de viver; a partir deles se desenvolveu uma noção oposto às condições *naturais* – eles distorceram, um por vez, a religião, o culto, a moral, a história, a psicologia de uma forma irremediável, para o *contrário de seus valores naturais*. Encontramos uma vez mais o mesmo fenômeno e em proporções infinitamente mais consideráveis, ainda que somente como cópia: – a Igreja cristã, comparada ao "povo eleito", não poderia de modo algum pretender a originalidade. Os judeus são, justamente por isso, o povo mais *funesto* da história universal: nos efeitos posteriores que exerceram, tornaram

[11] *Evangelho de João*, IV, 22 (NT).

a humanidade falsa de tal forma que, hoje ainda, o cristianismo pode experimentar sentimentos antijudeus sem com isso se considerar como a *última consequência do judaísmo*.

Em minha "*Genealogia da Moral*" apresentei pela primeira vez psicologicamente a noção antitética de uma moral *nobre* e de uma moral do *ressentimento*, a segunda sendo um mero produto da negação da primeira: ora, nada mais é que a moral judaico-cristã. Para poder dizer não a tudo o que representa na terra o movimento *ascendente* da vida, o sucesso, a potência, a beleza, a autoafirmação, o instinto tornado gênio do *ressentimento* devia então inventar *outro* mundo, a partir do qual toda *afirmação da vida* aparecesse como o mal, o condenável em si. Considerado psicologicamente, o povo judeu é um povo que tem a força vital mais resistente, tanto que, colocado em condições insustentáveis, livremente, movido pela mais profunda sabedoria de autoconservação, toma o partido de todos os instintos de *decadência* – *não* porque é dominado por eles, mas porque descobriu neles um poder, graças ao qual há como *desafiar* "o mundo". Os judeus são o oposto de todos os *decadentes*: simplesmente foram forçados se *mostrar* com esse disfarce e souberam se colocar, com um gênio *non plus ultra*[12] de comediantes, à frente de todos os movimentos de *decadência* (– como o cristianismo de Paulo –), para tirar deles algo de mais forte que todo partido *afirmador* da vida. A *decadência*, para a espécie de homem que aspira ao poder no judaísmo e no cristianismo, espécie *sacerdotal*, não é senão um *meio*: essa espécie de homens tem um interesse vital para tornar a humanidade *doente* e para dispor as noções de "bem" e "mal", "verdadeiro" e "falso" num sentido perigoso para a vida e caluniador do mundo.

[12] Expressão latina que significa não mais além, com o sentido de insuperável,

25

A história de Israel tem um valor inestimável como história típica de toda *desnaturação* dos valores naturais: indico cinco fatos que o atestam. Na origem, sobretudo no período da realeza, Israel tinha também ele uma relação *justa*, ou seja, natural com as coisas. Seu Javé era a expressão da consciência de seu poder, da alegria que tinha em si, da esperança nele mesmo: por meio dele, se esperara a vitória e a salvação, com ele se possuía confiança na natureza que dá o que o povo necessita – sobretudo a chuva. Javé é o Deus de Israel e, *por conseguinte*, Deus da justiça: essa é a lógica de todo povo que tem o poder e que o exerce com a consciência tranquila. É no culto solene que se expressam esses dois aspectos da autoafirmação: o povo é grato pelos grandes destinos que lhe possibilitaram chegar ao domínio, é grato pelo ciclo das estações e por todo o êxito na criação dos rebanhos e na agricultura. – Esse estado das coisas permaneceu ideal ainda por um longo período, mesmo uma vez abolido de uma maneira triste: a anarquia dentro e fora, os assírios. Mas o povo mantinha como ideal sumamente desejável essa visão de um rei que fosse bom soldado e juiz severo: visão conservada sobretudo por Isaías, esse profeta típico (isto é, crítico e satírico do momento). – Entretanto, toda a esperança foi vã. – O velho Deus não *podia* mais nada do que pudera em outros tempos. Deveria ter sido deixado sucumbir. Mas o que aconteceu? A noção que se possuía dele foi *modificada* – sua noção foi *desnaturada*: a esse preço é que o tinham mantido. – Javé, Deus da "justiça" – não formava *mais* uma unidade com Israel, não exprimia mais o sentimento de si do povo: não era mais que um Deus no condicional... A noção de Deus se torna um instrumento nas mãos de sacerdotes agitadores que doravante interpretam toda felicidade como recompensa, toda desgraça como castigo da desobediência a Deus, do "pecado": com essa forma mais fraudulenta de interpretar, no sentido de uma "ordem moral do mundo", a noção natural de "causa" e "efeito" é uma vez por todas invertida de ponta cabeça. Uma vez que se eliminou do mundo, com a recompensa e com a punição, a causalidade natural, torna-se necessária uma causalidade *antinatural:* segue-se então todo o resto da contranatureza. Um Deus que *exige* – em lugar de um Deus que ajuda, que dá conselhos, que no fundo é a palavra que designa toda feliz inspiração de coragem e de confiança em si... A *moral* cessa de ser a expressão das condições de vida e de crescimento de um povo, cessa de ser seu mais elementar instinto de vida, mas se tornou abstrata, se tornou a antítese da vida – a moral como alteração fundamental da imaginação, como um "olhar maligno" lançado sobre todas as coisas. *Que* é a moral judaica? *Que* é a moral cristã? O acaso que perdeu sua inocência; a infelicidade contaminada pela noção de "pecado"; o bem--estar considerado como um perigo, como uma "tentação"; o mal-estar fisiológico envenenado pelo verme da consciência...

26

A noção de Deus falsificada; a noção de moral falsificada: – o clero judeu não ficou nisso. Toda a história de Israel não lhe servia mais para nada: fora com ela! – Esses sacerdotes realizaram essa prodigiosa falsificação da qual boa parte da Bíblia é uma prova documental: com um desprezo sem igual para com toda a tradição, para com a realidade histórica, *retraduziram em termos religiosos* todo o passado de seu povo, ou seja, fizeram dele um estúpido mecanismo de salvação, de falta contra Javé e de castigo, de piedade para com Javé e de recompensa. Nós consideraríamos esse ato ignominioso de falsificação histórica muito mais dolorosamente se a interpretação *eclesiástica* da história por milhares de anos não nos tivesse tornado surdos às exigências da probidade *in cont*[13]. E a Igreja foi apoiada pelos filósofos: a mentira da "ordem moral do mundo" se insere em toda a própria evolução da filosofia moderna. Que significa "ordem moral do mundo"? Significa que há, uma vez por todas, uma vontade de Deus que determina o que o homem deve fazer ou que não deve fazer; que o valor de um povo, de um indivíduo se mede pelo grau de obediência à vontade de Deus; que nos destinos de um povo, de um indivíduo a vontade de Deus se manifesta como *dominante*, isto é, como princípio de castigo e de recompensa, em função do grau de obediência. – Em lugar dessa lamentável mentira, a *realidade* diria: uma espécie parasita de homens que não prospera senão em detrimento de todas as organizações sadias da vida, o *padre*, abusa do nome de Deus: chama "reino de Deus" um estado das coisas em que é o padre que determina o valor das coisas; chama "vontade de Deus" os meios graças aos quais semelhante estado é alcançado ou conservado; mede, com um frio cinismo, os povos, as épocas, os indivíduos em função de sua utilidade ou de sua oposição ao

[13] Expressão latina que significa em questões históricas (NT).

poder absoluto dos sacerdotes. Observem-nos em atividade: nas mãos dos sacerdotes judeus, a *grande* época da história de Israel se tornou uma época de declínio; o exílio, o longo infortúnio, foi metamorfoseada num *castigo* eterno da grande época – época em que o sacerdote não era nada ainda. Transformaram, de acordo com suas necessidades, os heróis poderosos e *absolutamente livres* da história de Israel em fanáticos miseráveis e hipócritas ou em homens "ímpios"; reduziram a psicologia de todos os grandes acontecimentos à fórmula para idiotas: "obediência *ou* desobediência a Deus". – Mas isso não para por aí: a "vontade de Deus" (isto é, as condições de conservação do poder do sacerdote) devia ser *conhecida* – para esse fim, há a necessidade de uma "revelação". Traduzindo: tem-se necessidade de uma enorme falsificação literária, descobre-se então uma "Escritura sagrada" – é tornada pública com toda a pompa hierática, com dias de penitência e com gritos de lamentação pelo "pecado" inveterado. A "vontade de Deus" estava havia muito tempo estabelecida: a desgraça se reportava ao fato de que se havia afastado da "Escritura sagrada"... Mas a "vontade de Deus" já havia sido revelada a Moisés... O que havia acontecido? Com aspereza, com pedantismo, o sacerdote havia formulado, de uma vez por todas, *o que ele quer ter*, "o que é a vontade de Deus" até nos grandes e pequenos tributos que deviam ser pagos a ele (– sem esquecer os melhores pedaços de carne: de fato, o sacerdote é um devorador de bifes)... Desde então, todas as coisas da vida são ordenadas de tal modo que o sacerdote se torna *indispensável em todos os lugares*; em todas as circunstâncias naturais da vida, nascimento, casamento, doença, morte, para não falar do "*sacrifício*" (– a refeição), o santo parasita aparece para *desnaturá-las* – na linguagem típica dele, para "santificá-las"... De fato, é realmente *necessário* compreender isso: todo hábito natural, toda instituição natural (Estado, aparato judiciário, casamento, cuidados prestados aos doentes e aos indigentes), toda exigência inspirada pelo instinto vital, em resumo, tudo o que tem valor em *si mesmo* se torna, por causa do parasitismo do sacerdote (ou da "ordem moral do mundo"), completamente desprovido de valor, um *antivalor*: é preciso, portanto, uma sanção – um poder que *confere o valor* é necessário, que negue a natureza, que por isso mesmo *cria* um valor... O sacerdote desvaloriza, *profana* a natureza: é a esse preço que ele pode subsistir. – A desobediência a Deus, isto é, ao sacerdote, à "lei" leva doravante o nome de "pecado"; os meios de se "reconciliar com Deus" são, é claro, meios que garantem uma sujeição ainda mais radical ao sacerdote: só o sacerdote "salva"... Em termos psicológicos, os "pecados" se tornam indispensáveis em toda sociedade organizada pelos sacerdotes: eles são os verdadeiros instrumentos de manipulação do poder, o sacerdote *vive* dos pecados, ele tem necessidade que se "peque"... Princípio supremo: "Deus perdoa aquele que faz penitência" – traduzindo: *aquele que se submete ao sacerdote.*

27

É num terreno a esse ponto *falso*, onde toda natureza, todo valor natural, toda *realidade* tinham contra elas os mais profundos instintos da classe dominante, que se desenvolveu o *cristianismo*, forma de hostilidade à morte contra a realidade que não foi até agora superada. O "povo santo" que para todas as coisas havia adotado apenas valores de sacerdotes, apenas vocabulário de sacerdotes e que, com uma consequência lógica de meter medo, havia afastado de si, como "profano", como "mundo", como "pecado", tudo o que subsistia ainda de poder na terra – esse povo criou, para designar seu instinto, uma última fórmula que era consequente até a renegação de si: como *cristianismo*, negou até mesmo a última forma da realidade, o "povo santo", o "povo eleito", a própria realidade *judaica*. Esse caso é de primordial importância: o pequeno movimento insurrecional batizado com o nome de Jesus de Nazaré é o instinto judaico *redivivo* – dito de outra forma, o instinto do sacerdote que não suporta mais o sacerdote como realidade, a invenção de uma forma de existência ainda *mais abstrata*, de uma visão ainda *mais irreal* do mundo que não implica a organização de uma Igreja. O cristianismo *nega* a Igreja...

Não vejo contra que estava dirigida a insurreição da qual Jesus passa, com razão ou *sem*, a ser considerado o instigador, se não era uma insurreição contra Igreja judaica – "igreja", exatamente no sentido que conferimos hoje a esta palavra. Era uma insurreição contra "os bons e os justos", contra os "santos de Israel", contra a hierarquia da sociedade – *de modo algum* contra sua corrupção, mas contra a casta, o privilégio, a ordem, o formalismo; era a *descrença* nos "homens superiores", o não oposto a tudo o que é sacerdote e teólogo. Mas a hierarquia que se encontrava assim, ainda que momentaneamente, sob questionamento, era a jangada sobre a qual o povo judeu podia ainda se manter no meio das "águas" – *a última* possibilidade, penosamente adquirida, para subsistir, o *resíduo* de sua existência política independente: atacá-la era atacar o instinto do povo mais natural, o querer viver do povo mais tenaz que jamais existiu na terra. Esse santo anarquista que conclamava o povo humilde, os excluídos e os "pecadores", os *chandalas* do judaísmo a se opor à ordem dominante – numa linguagem que, se os Evangelhos merecem crédito, hoje o levaria à Sibéria – esse homem era um criminoso político, tanto quanto eram possíveis criminosos políticos numa sociedade *apolítica até o absurdo*. Foi isso que o levou à cruz: a prova é a inscrição na própria cruz. Morreu por *sua própria* culpa – não há qualquer razão para se acreditar, não importa quanto isso seja afirmado, que tenha morrido pela culpa dos outros.

28

É uma questão completamente diversa saber se ele tinha consciência dessa antítese – ou se ele foi somente *percebido* como essa antítese. E é somente aqui que começo a tocar no problema da *psicologia do Salvador*. – Confesso que há poucos livros que leio com tanta dificuldade como os Evangelhos. Essas dificuldades são bastante diferentes daquelas cuja evidência possibilitaram à curiosidade erudita do espírito alemão festejar um de seus inolvidáveis triunfos. Faz muito tempo desde que eu, como jovem erudito, degustava, com o vagar próprio de um filólogo refinado, a obra do incomparável Strauss[14]. Tinha então vinte anos: agora sou sério demais para isso. Que me importam as contradições da "tradição"? Como se pode, portanto, chamar "tradição" lendas hagiográficas? As histórias de santos são a mais equívoca literatura que se possa imaginar: aplicar a elas o método científico, *quando não se dispõe de outros documentos*, aí está uma empresa que me parece condenada de antemão – simples passatempo de erudito...

[14] David Friedrich Strauss (1808-1874), autor de A vida de Jesus, na qual nega os fatos sobrenaturais dos Evangelhos e considera muitas passagens da vida de Cristo como mitos e lendas, criados e difundidos pela comunidade cristã primitiva (NT).

29

O que *me* importa é o tipo psicológico do Salvador. Esse tipo *poderia* muito bem se encontrar nos Evangelhos, a despeito Evangelhos, embora mutilado ou sobrecarregado de traços estranhos: da mesma forma que aquele de Francisco de Assis é conservado em suas lendas a despeito de suas lendas. A questão *não é em absoluto* a verdade sobre o que ele fez, sobre o que disse, sobre como efetivamente morreu: mas a questão de *saber se* é possível ainda, de alguma maneira, representar seu tipo, se foi "transmitido pela tradição" – as tentativas que conheço para decifrar nos Evangelhos até a *história* de uma "alma" me parecem ser a prova de uma execrável leviandade psicológica. O senhor Renan[15], esse arrivista *in psychologicis*[16], fez intervir, para explicar a seu modo o tipo de Jesus, as duas noções mais *inadequadas* que se possa encontrar a esse efeito: a noção de *gênio* e aquela de *herói*. Ora, se há alguma coisa de estranho ao Evangelho, é certamente a noção de herói. É justamente o contrário de toda luta, de todo sentimento combatente que aqui se tornou instinto: a incapacidade em resistir se tornou aqui moral ("não resistas ao mau", a expressão mais profunda dos Evangelhos, sua chave em certo sentido), a beatitude na paz, na bondade, na *incapacidade* de ser inimigo. Que significa "boa-nova"? A verdadeira vida, a vida eterna foi encontrada – não foi prometida, está aqui, está em *você*: como vida no amor, no amor sem reserva nem exclusão, sem distância. Todos são filhos de Deus – Jesus não reivindica nada somente para si – todos como filhos de Deus são iguais a todos... Imagine fazer de Jesus um *herói*! – E que mal-entendido, portanto, nessa palavra "gênio"! Toda nossa noção de "espírito", segundo nossa cultura, não tem, no universo em que Jesus vive, absolutamente qual-

[15] Ernest Renan (1823-1892), escritor francês, autor de Vida de Jesus (NT).

[16] Expressão latina que significa em questões psicológicas (NT).

quer sentido. Falando com o rigor de um fisiologista, uma totalmente diferente deveria ser usada aqui... Conhecemos um estado de excitação mórbida do tocar que faz com que se tenha repugnância em *tocar*, em apanhar um objeto sólido. Que se traduza semelhante hábito fisiológico em sua última lógica – em ódio instintivo contra *toda* realidade, como fogo no "inatingível", no "inconcebível", em aversão por toda fórmula, por toda noção de tempo e de espaço, por tudo o que é sólido, costume, instituição, Igreja, na sensação de estar em casa num mundo em que não se prioriza nenhuma espécie de realidade, num mundo que é exclusivamente "interior", num "verdadeiro" mundo, num mundo "eterno"... "O reino de Deus está em *vocês*"...

30

O ódio instintivo contra a realidade: consequência de uma suscetibilidade extrema ao sofrimento e à irritação que não quer absolutamente ser "tocada" porque se ressente profundamente de qualquer "toque".

A exclusão instintiva de toda aversão, de toda hostilidade, de todas as barreiras e distâncias no sentimento: consequência de uma suscetibilidade extrema ao sofrimento e à irritação que sente de uma só vez toda a resistência, toda a obrigação de resistir como um insuportável *desprazer* (isto é, como *nocivas*, como *desaconselháveis* pelo instinto de conservação) e não conhece a beatitude (o prazer) senão como um cessar de oferecer resistência a quem quer que seja, ao mal e ao mau – o amor como única, como *última* possibilidade de vida...

Essas são as duas *realidades fisiológicas* a partir das quais surgiu a doutrina da salvação. Vejo nesta um desenvolvimento sublime do hedonismo sobre um fundamento completamente mórbido. O que fica mais próximo delas, ainda que com um importante suplemento de força nervosa e de vitalidade gregas, é ainda o epicurismo, a doutrina de salvação do paganismo. Epicuro, *decadente típico*: fui o primeiro a reconhecê-lo como tal. – O medo do sofrimento, mesmo do sofrimento infinitamente pequeno – aí está quem não *pode* jamais terminar de outra forma que numa *religião do amor*...

31

Dei antecipadamente minha resposta ao problema. Ela implica que o tipo de Salvador não foi conservado senão à custa de uma grande distorção. Essa distorção é muito provável: tal tipo não poderia, por várias razões, permanecer puro, inteiro, isento de acréscimos. O *meio* em que se movia essa estranha figura deve ter deixado seus vestígios e mais ainda a história, a *sorte* da comunidade cristã primitiva: é com esta última, retroativamente, que se enriqueceu seu tipo de traços que não poderia ser compreendido senão a partir da guerra e para fins de propaganda. Esse universo estranho e doentio no qual nos levam a penetrar os Evangelhos – mundo que se diria tirado de um romance russo, no qual a escória da sociedade, as doenças nervosas e a idiotice "pueril" parecem se reunir – não pode, em todo caso, não ter *deformado grosseiramente* esse tipo: os primeiros discípulos, em particular, traduziram em seu simplismo um ser flutuando inteiramente em símbolos e em coisas inatingíveis, para dele compreender tão pouco assim – na visão deles o tipo apenas *existiu* após ter sido reformulado em moldes mais conhecidos... O profeta, o messias, o futuro juiz, o mestre de moral, o taumaturgo, João Batista – outras tantas ocasiões para desconhecer o tipo... Finalmente, não subestimemos o *específico* de toda grande veneração, notadamente sectária: ela apaga os traços originais e idiossincrasias, não raro dolorosamente estranhas, do ser venerado – *ela nem mesmo os vê mais*. É lamentável que um Dostoievski não tenha vivido nas proximidades desse interessante *decadente* entre todos, ou seja, alguém que pudesse ser sensível ao atrativo tocante de semelhante mistura de sublime, de mórbido e de infantil. Um último ponto de vista: esse tipo *poderia*, enquanto tipo de *decadência*, ser efetivamente composto de uma pluralidade e de antinomias específicas: essa possibilidade não deve ser totalmente excluída. Entretanto, tudo parece estar em seu desfavor: para isso teria sido justamente necessário que a tradição tivesse sido notavelmente fiel e objetiva: ora, temos razões para admitir o contrário. Há, no entanto, uma contradição gritante entre aquele que prega na montanha, no lago e nos campos, cuja aparição se assemelha a um Buda vindo num território muito pouco indiano e, de outro lado, esse fanático agressivo, esse inimigo mortal dos teólogos e dos sacerdotes que a maldade de Renan glorificou como *"o grande mestre em ironia"*. De minha parte, não duvido que a abundante dose de veneno (e mesmo de *espírito*) não tenha sido difundida para o tipo do mestre senão pelo estado de exaltação da propaganda cristã: conhecemos realmente e muito bem a ausência de escrúpulos de todos os sectários em arranjar sua própria *apologia* servindo-se de seu mestre. Quando a comunidade cristã primitiva teve necessidade de um teólogo hábil em julgar, em discutir, em se irritar, encontrando argúcias malignas contra outros teólogos, ela *criou* seu "Deus" segundo suas necessidades, como também, sem hesitação, colocou na boca dele essas noções totalmente antievangélicas, sem as quais já não podia mais subsistir, a "volta de Cristo", o "juízo final", todos os tipos de expectativas e promessas temporais.

32

Uma vez mais, me oponho a que se tente introduzir o fanatismo na figura do Salvador: a palavra *imperioso*, usada por Renan, basta para *anular* esse tipo. A "boa-nova" é precisamente que não há mais oposições; o reino de Deus pertence às *crianças*; a fé que aqui se exprime não é mais uma fé conquistada por lutas renhidas – ela está ali, ela é dada desde o princípio, ela é de alguma forma uma inocência infantil voltada para o espiritual. O caso da puberdade retardada e que ficou no estado não desenvolvido no organismo é, como corolário da degenerescência, conhecido ao menos pelos fisiologistas. – Semelhante fé não se irrita, não recrimina, não se defende: ela não empunha a "espada" – ela não imagina em absoluto até que ponto poderia um dia dividir. Não se manifesta nem por milagres nem por uma recompensa ou por uma promessa nem mesmo pela "Escritura": ela própria é a todo instante seu próprio milagre, sua recompensa, sua prova, seu "reino de Deus". Essa fé não se formula tampouco – ela *vive*, ela se guarda contra fórmulas. Sem dúvida, as contingências do meio, da língua, da formação anterior determinam um certo conjunto de noções: o cristianismo primitivo não manipula *senão* noções judaicas e semíticas (– o comer e o beber da Ceia faz parte disso, essa noção da qual, como tudo que é judaico, a Igreja fez um tão mau abuso). Mas é preciso tomar cuidado para não ver nisso mais que uma linguagem simbólica, que uma semiótica, que uma oportunidade para falar em parábolas. Para esse antirrealista, a condição absoluta de toda palavra é que nenhuma palavra seja tomada ao pé da letra. Entre os indianos, ele se teria servido das noções de *sankhyam*[17] e entre os chineses daquelas de Lao-Tsé[18] – e sem fazer qualquer diferença. – Usando de certa tolerância no uso das

[17] (1) Um dos seis grandes sistemas da hinduísmo que opõem corpo e espírito (NT)

[18] Filósofo chinês (570-490 a.C.), fundador do taoísmo que exerceu influências sobre o pensamento de Confúcio (NT).

palavras, se poderia chamar Jesus um "espírito livre" – ele nada tem a ver com tudo o que é fixo: a letra *mata*, tudo o que está fixado *mata*. A noção de "vida", a *experiência* da "vida", as únicas que conhece, a seu ver se opõem a toda espécie de palavra, de fórmula, de lei, de crença, de dogma. Não fala senão daquilo que há de mais íntimo: "vida" ou "verdade" ou "luz" essas são suas palavras para designar o que há de mais interior – todo o resto, a realidade em seu conjunto, a natureza em seu conjunto, até a língua, não tem para ele senão o valor de um sinal, de uma parábola. – Aqui é de suma importância não se deixar induzir a erro por mais desvairado que seja o preconceito cristão, melhor dizendo, o preconceito da *Igreja*: um simbolismo por *excelência* como ele se mantém alheio a toda religião, de todas noções de culto, de toda história, de toda ciência da natureza, de toda experiência do mundo, de todo conhecimento, de toda política, de toda psicologia, de todos os livros, de toda arte – sua "sabedoria" é precisamente a *inocência pura* que ignora que *exista* algo desse gênero. A *cultura* não é conhecida dele nem por ouvir dizer, não tem necessidade de combatê-la – nem mesmo a nega... O mesmo pode ser dito do *Estado*, da ordem e da sociedade civil em seu conjunto, do *trabalho*, da guerra – nunca teve a ideia de negar o "mundo"... A *negação* para ele é justamente uma coisa impossível. – Falta a ele igualmente a dialética, falta a ideia de que uma crença, uma "verdade" possa ser provada por razões (– *suas* provas específicas são "luzes" interiores, sentimentos de prazer e aprovações interiores de si, simples "provas de força" –). Semelhante doutrina *não pode* mais contradizer: não concebe em absoluto que haja outras doutrinas, que *possa* haver outras, na sabe de forma alguma imaginar juízos contrários aos seus... Se porventura os encontrar, lamenta semelhante "cegueira" com simpatia – pois ela vê a "luz" – mas não vai fazer objeções...

33

Em toda a psicologia do Evangelho faltam as noções de culpa e de castigo; de igual modo, a noção de recompensa. O "pecado", toda relação de distância entre Deus e o homem, é *suprimido – essa é precisamente a "boa-nova"*. A felicidade eterna não é prometida, não está vinculada a condições: ela é a *única* realidade – o resto é sinal para falar dela.

A *consequência* de semelhante estado se projeta numa nova *prática*, a prática verdadeiramente evangélica. Não é uma "fé" que distingue o cristão: o cristão age, ele se distingue por *outro* agir. Por exemplo, não oferece resistência àquele que é mau para com ele, nem em palavras nem em seu coração. Não faz diferença entre estrangeiros e conterrâneos, entre judeus e não-judeus (o "próximo" é efetivamente o correligionário, o judeu). Não se irrita com ninguém, não despreza ninguém. Não apela aos tribunais nem se submete às decisões deles ("não jurarás"). Em nenhuma circunstância, mesmo no caso de infidelidade comprovada da mulher, se separa dela. – Tudo isso constitui no fundo um princípio único, tudo isso é a consequência de um instinto único.

A vida do Salvador não foi realmente outra coisa senão *essa* prática... Não tinha mais necessidade de fórmulas, de rito para suas relações com Deus – nem sequer da oração. Rompeu com toda a doutrina judaica do arrependimento e da expiação; sabia que é unicamente a *prática* da vida que faz com que alguém se sinta "divino", "bem-aventurado", "evangélico" e a todo instante "filho de Deus". *Não* é o "arrependimento", *não* é a "oração de perdão" que levam a Deus: é *unicamente a prática evangélica* que conduz a Deus, é justamente ela que é "Deus"! – O que foi *abolido* pelo Evangelho é o judaísmo das noções de "pecado", de "perdão dos pecados", de "fé", de "salvação pela fé" – toda a doutrina da *Igreja* judaica foi negada na "boa-nova".

O instinto profundo da maneira pela qual é preciso *viver* para se sentir "no céu", para se sentir "eterno", enquanto que com qualquer outra conduta alguém *não* se sente em absoluto “no céu”: aí está o que constitui a única realidade da “salvação”. – Uma nova maneira de viver e, *de forma alguma*, uma nova fé...

34

Se compreendo alguma coisa sobre esse grande simbolista, é que ele não considerava como realidades, como "verdades", senão as realidades *interiores* – e que compreendia o resto, todo o natural, o temporal, o espacial, o histórico somente como sinais, como ocasião para parábolas. A noção de "Filho do Homem" não corresponde a uma pessoa concreta que se integra na história, nem a que quer que seja de singular, de único, mas a uma efetividade "eterna", a um símbolo psicológico desvinculado da noção de tempo. O mesmo vale, uma vez mais e no sentido supremo, para o *Deus* desse simbolismo típico, para o "reino de Deus", para o "reino dos céus", para o direito dos "filhos de Deus". Nada é menos cristão que os *simplismos da Igreja* de Deus como *pessoa*, do "reino de Deus" que *vem*, de um "reino dos céus" no *além* e de um "Filho de Deus", *segunda pessoa* da Trindade. Com tudo isso – perdoem-me a expressão – é dar um soco no olho – e que olho! – do Evangelho: *cinismo da história universal* no desrespeito para com o símbolo... Ora, ao que faz alusão o símbolo de "pai e filho" é evidente – não sob todos os aspectos, concordo: – a palavra "filho" exprime o *acesso* ao sentimento geral de transfiguração de todas as coisas (a beatitude); a palavra "pai" exprime esse *próprio sentimento*, o sentimento da eternidade e da realização. – Envergonho-me de lembrar o que a Igreja fez desse simbolismo: não colocou uma história de Anfitrião[19] no limiar da "fé" cristã? E um dogma da "imaculada Conceição" ainda por cima? – *Mas com isso ela macular a concepção...*

O "reino dos céus" é um estado do coração – não algo que vem "acima da terra" ou "após a morte". A noção de morte natural em seu conjunto está *ausente* no Evangelho: a morte não é uma ponte, uma

[19] Na mitologia grega, Anfitrião tinha Alcmena por esposa. Zeus, o deus dos deuses, tomou a aparência de Anfitrião para seduzir a fiel Alcmena; dessa relação nasceu Héracles (NT).

passagem; está ausente porque pertence a um mundo totalmente diferente, só aparente, útil somente para os sinais. A "hora da morte" *não* é uma noção cristã – a "hora", o tempo, a vida física e suas crises não existem de forma alguma para o mestre da "boa-nova"... O "reino de Deus" não é alguma coisa que se espera; não tem ontem nem depois de amanhã, não vem em "mil anos" – é uma experiência do coração; está em toda parte e não está em parte alguma...

35

Esse "anunciador da boa-nova" morreu como viveu e *ensinou* – certamente *não* para "salvar os homens", mas para mostrar como se deve viver. É a *prática* que ele legou à humanidade: sua atitude diante dos juízes, diante dos esbirros, diante dos acusadores, das calúnias e sarcasmos de todo tipo – sua atitude na *cruz*. Não resiste, não defende seus direitos, não faz nenhum esforço para desviar dele o extremo, mais ainda, *ele o provoca*...[20] E suplica, sofre, ama *com* aqueles, *n*aqueles que o maltratam... *Não* se defender, *não* se encolerizar, *não* culpar... Mas igualmente *não* resistir ao mau – *amá-lo*...

[20] Algumas edições apresentam aqui estas linhas ainda: "As palavras ao ladrão na cruz contêm todo o Evangelho. "Era verdadeiramente um homem divino", um "filho de Deus", diz o ladrão. "Se sentes isso – responde o Salvador – tu estás no paraíso, tu és também um filho de Deus..." – Estas linhas foram eliminadas por outros editores, certamente porque nelas se verifica uma confusão: as palavras atribuídas ao ladrão foram ditas pelo centurião romano, a quem Jesus nada responde; a resposta de Cristo é dirigida realmente ao criminoso crucificado ao lado dele. Confira-se o Evangelho de Lucas, XXIII, 39-43; e também o Evangelho de Mateus, XXVII, 54, o Evangelho de Marcos XV, 39 (NT).

36

Nós somos os primeiros, nós espíritos livres, a estar à altura de compreender uma coisa que dezenove séculos compreenderam mal – refiro-me à probidade tornada instinto e paixão que declara guerra à "santa mentira" muito mais que a qualquer outra mentira... Estavam a mil léguas de nossa benevolente e cautelosa neutralidade, dessa disciplina do espírito que só ela permite adivinhar coisas tão estranhas, tão delicadas: com um egoísmo descarado, nunca se buscava senão a *própria* vantagem, e a partir da antítese do Evangelho foi construída a *Igreja*...

A quem procurasse sinais mostrando que, por trás de um grande espetáculo do mundo, é uma divindade irônica que trama tudo, o *estupendo ponto de interrogação* chamado cristianismo ofereceria uma considerável prova a respeito. Que a humanidade se tenha ajoelhado diante da antítese do que era a origem, o sentido, o *direito* do Evangelho, que na noção de "Igreja" ela tenha declarado santo precisamente o que o "anunciador da boa-nova" considerava como *abaixo* dele, como *atrás* dele – em vão se procura forma mais grandiosa de *ironia da história do mundo*.

37

– Nossa época se orgulha de seu senso histórico: como, então, se permitiu dar crédito a essa inépcia que quer que o cristianismo tenha sido inaugurado pela *grosseira fábula do fazedor de milagres e do Salvador* – e que todo o espiritual e o simbólico não constituam senão um desenvolvimento mais tardio? É o inverso: a história do cristianismo – e isso desde a morte na cruz – é a história da compreensão errônea, progressivamente sempre mais grosseira, de um simbolismo *original*. À medida que o cristianismo se difundia entre massas mais vastas, mais rudes, cada vez mais estranhas às condições em que havia surgido, se tornava mais premente *vulgarizar, barbarizar* o cristianismo – absorveu os ensinamentos e os rituais de todos cultos *subterrâneos* do *império romano* e sorveu as inépcias de todo tipo da razão doentia. O destino fatal do cristianismo se liga à necessidade que sua própria fé se torne tão doentia, baixa e vulgar como eram doentias, baixas e vulgares as necessidades que devia satisfazer. Na Igreja, é a *barbárie doentia* que finalmente cresce para chegar ao poder – a Igreja, essa forma de ódio mortal contra toda probidade, toda *grandeza* de alma, toda disciplina do espírito, toda humanidade espontânea e bondosa. – Os valores *cristãos* – os valores *nobres*: somos os primeiros, nós espíritos *livres*, a ter restaurado a maior antítese em questão de valores!

38

– A esse ponto, não posso evitar um suspiro. Há dias em que sou invadido por um sentimento mais negro que a mais negra melancolia – *o desprezo pelos homens*. E, para não deixar dúvida sobre o *que* e *quem* desprezo: é o homem de hoje, o homem de quem, por fatal destino, sou contemporâneo. O homem de hoje – seu hálito podre me asfixia. Em relação ao passado, sou, como todos os homens de conhecimento, de uma grande tolerância, ou seja, de um *magnânimo* controle sobre mim mesmo: percorro esse universo milenar de casas de loucos com uma morosa circunspecção, chamem isso de "cristianismo", "fé cristã", "Igreja cristã" – tomo o cuidado de não responsabilizar a humanidade por suas doenças mentais. Mas meu sentimento muda completamente, irrompe desde que penetro na época moderna, *nossa* época. Nossa época é uma época que *sabe*... O que outrora era apenas doentio, hoje se tornou indecente – é indecente hoje ser cristão. *E é aí que começa meu desgosto.* – Olho à minha volta: não resta sequer uma palavra do que outrora se chamava "verdade"; não suportamos mais que um padre chegue até mesmo a pronuncie a palavra "verdade". Mesmo que se tivesse as mais modestas exigências em matéria de probidade, deve-se saber hoje que um teólogo, um padre, um papa, a cada frase que pronuncia, não apenas se engana, mas *mente* – já não tem mais até mesmo a liberdade de mentir por "inocência" ou por "ignorância". O padre também, como qualquer outro, sabe que não há mais "Deus", nem "pecador", nem "salvador" – que "livre-arbítrio", "ordem moral do mundo" são mentiras: – a seriedade, a profunda autossuperação do espírito não *autoriza* mais ninguém à *ignorância* sobre esse ponto... *Todas* as noções da Igreja são reconhecidas pelo que são, a saber, a mais astuciosa falsificação que possa existir, a fim de *desvalorizar* a natureza, os valores naturais; o próprio padre é visto como realmente é, ou seja, a mais perigosa espécie de parasita, a verdadeira aranha venenosa que mata a vida... Sabemos, nossa *consciência* sabe hoje – o que valem exatamente as invenções inquietantes dos padres e da Igreja, *para que serviram*, elas que levaram a humanidade a uma situação de tal desonra de si mesma que seu aspecto provoca náusea – as noções do "além", do "juízo final", da "imortalidade da alma", da própria "alma": são instrumentos de tortura, são sistemas de crueldade que permitiram ao padre tornar-se mestre e de manter-se como tal... Ninguém o ignora: *e mesmo assim nada muda.* Para onde foi nosso último sentimento de decência, de respeito de si, quando até nossos homens de Estado, em geral espécie de homens totalmente desprovidos de preconceitos e fundamentalmente anticristãos em seus atos, se intitulam ainda cristãos e participam da ceia sagrada?... Um jovem príncipe à testa de seus regimentos, expressão magnífica do egoísmo e da arrogância de seu povo – mas que, *despido* de toda vergonha, confessa que é cristão!... *Quem é*, portanto, que o cristianismo nega? *O que* ele chama "o mundo"? O fato de ser *soldado*, ser juiz, ser patriota; de se defender; de zelar por sua honra; de procurar a própria vantagem; de ser *orgulhoso*... A prática de todo instante, todo instinto, toda avaliação convertida em *ato* são hoje anticristãos: que espécie de *aborto de falsidade* deve ser o homem moderno para não ter de jeito nenhum *vergonha* de chamar-se cristão!

39

Remonto aos fatos para contar a *verdadeira* história do cristianismo. – A palavra "cristianismo" já é um mal-entendido – no fundo existiu um só cristão e ele morreu na cruz. O "Evangelho" *morreu na cruz*. O que, desde então, se chama "Evangelho" era já a antítese do que ele viveu: "má nova", um *Dysangelium*[21]. É um erro até absurdo ver numa "fé", por exemplo, a fé na salvação por Cristo, o sinal distintivo do cristão: somente a *prática* cristã, uma vida como a *viveu* aquele que morreu na cruz, é cristã... Hoje ainda *semelhante* vida é possível e para *certos* homens até necessária: o cristianismo genuíno, primitivo continuará sendo possível em qualquer época... *Não* uma fé, mas um fazer, sobretudo um "*não* fazer muitas coisas", um *ser* diferente... Os estados de consciência, uma fé qualquer, uma certeza de verdade qualquer – como todo psicólogo sabe – são na verdade perfeitamente indiferentes e de quinta ordem, se comparados ao valor dos instintos: estritamente falando, a noção de causalidade no domínio espiritual é totalmente falsa. Reduzir o ser-cristão, a cristandade a uma certeza da verdade, a uma simples fenomenalidade de consciência, equivale a negar a cristandade. *De fato, não jamais houve cristãos*. O "cristão", aquele que há dois mil anos se chama cristão, não passa de um mal-entendido psicológico de si próprio. Examinado mais de perto, o que dominava nele, a *despeito* de toda a "fé", eram *somente* os instintos – e *que instintos*! – Em todas as épocas, por exemplo, em Lutero, a "fé" nunca foi mais que uma capa, um pretexto, uma *cortina* por detrás da qual os instintos faziam seu jogo – uma astuciosa *cegueira* na dominação de *certos* instintos... A "fé" – que já denominei a verdadeira *astúcia* cristã – sempre se *falou* de "fé", mas só se *agia* por instinto... No mundo de

[21] Nietzsche recorre ao vocábulo grego dysángelos, que significa anunciador de más novas, para contrapor a Evangelho que significa boa-nova, boas-novas.

ideias do cristão não há qualquer coisa que sequer toque a realidade: ao contrário, reconhecemos no *ódio* instintivo *contra* toda realidade o elemento motor, o único elemento motor no princípio do cristianismo. Que se segue disso? Que, *in psychologicis*, o erro aqui é radical, isto é, determinante da essência, ou seja, da *substância*. Retirem aqui uma noção, substituam-na por uma só realidade – e todo o cristianismo se reduz a nada! – Visto de cima, esse fato, o mais estranho de todos, de uma religião não apenas fundada sobre erros, mas inventiva e mesmo genial *nada* mais que em erros nocivos, *nada* mais que em erros que envenenam a vida e o coração, esse fato constitui um *espetáculo digno dos deuses* – para as divindades que são igualmente filósofas e que encontrei, por exemplo, nos célebres diálogos de Naxos. No momento em que a *repugnância* se afasta dos deuses (– e de nós *também*!) ficam gratos pelo espetáculo oferecido pelo cristão: o piedoso pequeno astro chamado terra não merece talvez o olhar divino, o interesse divino senão em razão *desse* curioso caso... Não subestimemos, portanto, o cristão: o cristão, falso *até a inocência*, está muito acima do macaco – quando se considera o cristão, uma célebre teoria da origem das espécies se torna pura gentileza...

40

– Foi a morte que decidiu a sorte da Evangelho – estava suspenso na "cruz"... É somente a morte, essa morte inesperada e ignominiosa, é somente a cruz, que geralmente era reservada à *canalha* – é somente esse assombroso paradoxo que colocou os discípulos diante do verdadeiro enigma: "*Quem era esse*? *O que era pois*?" – O sentimento de desalento e profundamente ofendido, a suspeita de que essa morte poderia constituir a *refutação* de sua causa, o terrível ponto de interrogação: "Por que deve ser assim?" – esse estado de alma se compreende facilmente. Nesse caso, tudo devia ter uma necessidade, tudo *devia* ter um sentido, razão, razão suprema; o amor de um discípulo não conhece nenhuma contingência. Foi somente nesse momento que se abriu uma fenda: "*Quem* o matou? Quem era seu inimigo natural?" – Essa pergunta reluziu como um relâmpago. Resposta: o judaísmo *dominante*, sua classe dirigente. A partir desse momento, revoltaram-se contra a ordem, compreenderam a seguir Jesus como um *rebelde contra a ordem*. Até então esse traço guerreiro, negador em palavras e em atos, estava ausente em sua imagem; mais ainda, isso o contradizia. Visivelmente, a pequena comunidade não compreendeu *de modo algum* o ponto capital, o caráter exemplar dessa forma de morrer, a liberdade, a *superioridade* sobre toda espécie de *ressentimento*: – isso prova como, sob todos os aspectos, não o compreendeu! Em si, por sua morte, Jesus não podia não querer outra coisa senão dar publicamente a prova mais marcante, a *demonstração* de sua doutrina... Mas os discípulos estavam muito longe de *perdoar* essa morte – o que teria sido evangélico em sentido supremo; ou mesmo se *oferecerem* a uma morte idêntica com doce e serena paz de coração... Foi justamente o sentimento menos evangélico de todos, a *vingança*, que os possuiu. Parecia-lhes impossível que a causa devesse perecer com sua morte: "represálias", um "julgamento" se tornaram necessários (– entretanto, o que poderia haver de menos evangélico que as "represálias", o "castigo" e um "processo"!). – Uma vez mais retornou em primeiro plano a espera popular de um messias; a atenção foi direcionada para um momento histórico: o "reino de Deus" vai chegar para julgar seus inimigos... Mas aí está o que falsifica toda a compreensão: o "reino de Deus", último ato, promessa! O Evangelho havia sido, contudo, justamente a presença, o cumprimento, a *realidade em ato* desse "reino". É precisamente essa morte que *era* esse mesmo "reino de Deus". Foi somente então que foi introduzido no tipo do Mestre todo o desprezo e a amargura contra os fariseus e os teólogos - *fazendo* assim dele próprio um fariseu e um teólogo! Por outro lado, a veneração desenfreada dessas almas completamente desequilibradas não suportava mais essa assimilação igualitária de cada um como um filho de Deus, assim como havia ensinado Jesus: sua vingança consistiu em *elevar* Jesus de modo totalmente desregrado, a dissociá-lo deles mesmos, exatamente como outrora os judeus, por ódio contra seus inimigos, separaram seu Deus deles próprios e o elevaram às alturas. O Deus único e o Filho único de Deus: ambos produtos do *ressentimento*...

41

– E desde esse momento surgiu um problema absurdo: "Como Deus *podia* permitir isso?" A razão perturbada da pequena comunidade encontrou uma resposta assustadoramente absurda: Deus deu seu filho pelo perdão dos pecados, em *sacrifício*. Pois bem! De uma só vez acabaram com o Evangelho! O *sacrifício expiatório*, e em sua forma mais repugnante, mais bárbara, o sacrifício do *inocente* para os pecados dos culpados! Que paganismo apavorante! – O próprio Jesus havia eliminado a noção de "culpa" – negou qualquer abismo entre Deus e o homem, *vivia* essa unidade de Deus e do homem como *sua* "boa-nova"... E *não* como um privilégio! – Desde então foram sendo introduzidos, pouco a pouco, no tipo do Salvador: a doutrina do julgamento e do retorno de Jesus, a doutrina da morte como sacrifício, a doutrina da *ressurreição*, o que permite alterar toda a noção de "beatitude", única realidade do Evangelho – em proveito de um estado *após* a morte!... Paulo conferiu um caráter lógico a essa concepção, essa concepção *obscena* com a insolência rabínica que o caracteriza sob todos os aspectos: "*Se* Cristo não ressuscitou dentre os mortos, então é vã toda a nossa fé". E com um só golpe o Evangelho se converteu na mais desprezível de todas as promessas irrealizáveis, a *impudente* doutrina da imortalidade pessoal... O próprio Paulo a pregava ainda mais como uma *recompensa*!...

42

Agora se vê o *que* terminou com a morte na cruz: o novo começo e totalmente original de um movimento de paz budista, de uma *felicidade* real *na terra* e *não somente* prometida. De fato, essa é – como já demonstrei – a diferença fundamental entre as duas religiões de *decadência*: o budismo não promete nada, mas cumpre; o cristianismo promete tudo, mas *não cumpre nada*. – A "boa-nova" foi imediatamente da *pior de todas*: aquela de Paulo. Em Paulo se encarna o tipo oposto do "anunciador da boa-nova", o gênio do ódio, da alucinação do ódio, da implacável lógica do ódio. *O que esse disangelista*[1] não sacrificou, portanto, ao ódio! Para começar, o Salvador: ele o pregou em *sua própria* cruz. A vida, o exemplo, o ensinamento, a morte, o sentido e a razão de todo o Evangelho – nada disso restou quando esse falsário compreendeu, em seu ódio, o que só podia lhe servir. *Nada* de realidade, *nada* de verdade histórica!... E uma vez mais o instinto de sacerdote do judeu perpetrou o mesmo grande crime contra a história – suprimiu pura e simplesmente o ontem e o anteontem do cristianismo e *inventou uma própria história do cristianismo primitivo*. Mais ainda: falsificou uma vez mais a história de Israel para fazê-la aparecer como a pré-história de *seus* feitos: todos os profetas falaram de *seu* "Salvador"... Mais tarde, a Igreja falsificou até a história da humanidade para fazer dela a pré-história do cristianismo... A figura do Salvador, seus ensinamentos, sua prática, sua morte, o sentido de sua morte, mesmo o que se passou após sua morte – nada permaneceu intacto, nada permaneceu sequer semelhante à realidade. Paulo deslocou pura e simplesmente o centro de gravidade de toda essa existência em seu *depois* – na *mentira* de Jesus "ressuscitado". No fundo, a vida do Salvador não podia lhe servir em nada – ele tinha necessidade da morte na cruz e de algo mais... Ter por sincero alguém como Paulo, cuja pátria era o centro das luzes do estoicismo, quando, a partir de uma alucinação, fabrica uma *prova* da *sobre*vida do Salvador, ou mesmo somente dar crédito à sua história, *segundo a qual* ele teve essa alucinação, só isso já constituiria verdadeira tolice para um psicólogo: Paulo queria o fim, *logo*, queria também os meios... Aquilo que ele próprio não acreditava, os idiotas entre os quais ele semeava *sua* doutrina acreditaram. – *Sua* necessidade particular *dele próprio* era o *poder*; em Paulo o sacerdote queria novamente o poder – não podia utilizar senão conceitos, ensinamentos, símbolos, graças aos quais se tiraniza as massas, se constitui rebanhos. *Qual* é a única coisa que Maomé tomou emprestada do cristianismo? A invenção de Paulo, suas modalidades de estabelecer a tirania do sacerdote, de constituir rebanhos: a fé na imortalidade – *isto é, a doutrina do "julgamento"*.

43

Quando se desloca o centro de gravidade da vida *não* para a vida, mas para o "além" – *no nada* – então se tirou da vida todo centro que tiver. A grande mentira da imortalidade pessoal destrói toda razão, toda natureza do instinto – tudo o que, nos instintos, é benfazejo, favorece a vida, garante o futuro, doravante suscita a desconfiança. Viver *de tal maneira* que viver não tenha mais *sentido*: *aí está* o que doravante se torna o "sentido" da vida... Para que a solidariedade social, para que a gratidão para com as origens e os ancestrais, para que trabalhar em comum, confiar, perseguir um bem comum e visá-lo?... Outras tantas "tentações", outros tantos desvios do "bom caminho" – "*uma só coisa é necessária*"... Que cada um, enquanto "alma imortal", tenha tanto valor como qualquer outro que, no conjunto de todos os seres, a "salvação" de *cada* indivíduo possa significar uma importância para a eternidade; que beatos insignificantes e desequilibrados possam imaginar que as leis da natureza são constantemente *transgredidas* em seu favor – não há como expressar desprezo suficiente por tamanha intensificação de toda espécie de egoísmos levados até o infinito, até a *impudência*. E, no entanto, é a essa lamentável bajulação da vaidade pessoal que o cristianismo deve sua *vitória* – foi com isso que *ganhou* para sua causa justamente tudo o que é fracassado, tudo o que é levado à sedição, tudo o que é deserdado, todo o refugo e a escória da humanidade. A "salvação da alma" – traduzindo, "o mundo gira em torno de *mim*"... O veneno da doutrina: "*igualdade* de direitos para todos" – foi o cristianismo que o disseminou por primeiro como princípio; o cristianismo moveu uma guerra além dos limites, saída dos recônditos mais secretos dos maus instintos, contra todo sentimento de respeito e de distância entre os homens, ou seja, contra a *condição* da evolução e do crescimento da cultura – serviu-se do *ressentimento* das massas para forjar sua *principal arma* contra *nós*, contra tudo o que é nobre, alegre, generoso na terra, contra nossa felicidade na terra... A "imortalidade" concedida a Pedro e Paulo foi até aqui a maior e mais astuciosa afronta à *nobreza* do humano. – *E depois* não vamos subestimar a funesta desgraça que, vinda do cristianismo, se insinuou até na política! Ninguém tem mais hoje a coragem dos privilégios, dos direitos soberanos, do sentimento de respeito para consigo e para com seus iguais – de um *sentimento da distância*... Nossa política está *doente* por essa falta de coragem! – Os sentimentos aristocráticos das opiniões foram minados da maneira mais subterrânea pela mentira da igualdade das almas; e, se é verdade que a *fé* no "privilégio da maioria" faz e *fará* revoluções, é o cristianismo, não se duvide disso, são os juízos de valor *cristãos* que se convertem em sangue e em crimes em toda revolução! O cristianismo é uma sublevação de todas as criaturas rastejantes contra tudo o que é *elevado*: o Evangelho dos "humildes" *rebaixa e humilha*...

44

– Os Evangelhos constituem um testemunho inestimável da corrupção já arraigada *dentro* da comunidade primitiva. O que Paulo levou a termo, com o cinismo lógico de um rabino, era contudo simplesmente o processo de degradação que havia começado com a morte do Salvador. – Não se poderia ler com bastante precaução esses Evangelhos; cada palavra oculta uma dificuldade. Confesso – espero que ninguém me leve a mal – que justamente por isso são um prazer de primeira ordem para um psicólogo – como o *oposto* de toda corrupção ingênua, como o *refinamento por excelência*, como arte consumada da corrupção psicológica. Os Evangelhos são um caso à parte. A Bíblia em seu conjunto não tolera nenhuma comparação. Estamos entre judeus: é o *primeiro* aspecto a considerar para não perder aqui completamente o fio. Essa simulação, no caso verdadeiramente genial, a ponto de se enganar, da "santidade", jamais alcançada aliás nos livros e nos humanos, essa falsidade de palavras e de atitudes, que chega a ser uma *obra-prima*, não é devida ao acaso de um talento individual qualquer, de uma natureza excepcional qualquer. O necessário aqui é a *raça*. No cristianismo é todo o judaísmo que se manifesta na arte de mentir santamente, aprendizagem e técnica judaicas das mais sérias e seculares que chegaram ao auge da maestria. O cristão, essa *ultima ratio*[22] da mentira, é o judeu repetido mais uma vez – repetido mesmo *três vezes*... A vontade de princípio de não utilizar senão noções, símbolos e atitudes que convém à prática do sacerdote, o repúdio instintivo de qualquer *outra* prática, de qualquer *outra* espécie de perspectiva em matéria de valores e de utilidade – não é somente tradição, é *herança*: é somente como herança que isso pode agir como uma natureza. Toda a humanidade, as maiores

[22] Expressão latina que significa última razão, argumento definitivo (NT).

mentes das melhores épocas (com uma única exceção que, talvez, mal fosse humana –) se deixaram enganar. O Evangelho foi lido como *livro da inocência*... o que basta para mostrar com que maestria a comédia foi aqui representada. – Na verdade, se pudéssemos de fato *ver* esses carolas bizarros e santos falsos, mesmo que apenas por um instante, a farsa seria posta a descoberto – e precisamente porque não consigo ler suas palavras sem também ver suas atitudes, *acabei com eles*... O que não consigo suportar neles é a maneira com que levantam os olhos. – Felizmente que, para a maioria, os livros não passam de *literatura*. – Que não nos deixemos induzir em erro: "não julgueis", dizem eles, mas mandam para o inferno tudo o que se atravessa no caminho deles. Ao deixarem Deus julgar, são eles próprios que julgam; ao glorificarem a Deus, se glorificam a si mesmos; ao *exigirem* as virtudes de que são justamente capazes – mais ainda, das quais *precisam* para permanecer em sua posição –, assumem a *pose* soberba de um combate pela virtude, de uma luta pelo domínio da virtude. "Nós vivemos, morremos, nos sacrificamos *pelo bem*" (– "a verdade", "a luz", "o reino de Deus"): na verdade, fazem o que não podem deixar de fazer. Forçados, como hipócritas, a serem furtivos, se esconderem nos cantos, se esquivarem pelas sombras, convertem sua necessidade em *dever*: sua vida de humildade aparece como um dever e como humildade é uma prova suplementar de devoção... Ah! essa espécie humilde, casta e misericordiosa de mentira! "A própria virtude deve testemunhar em nosso favor"... Leiam-se os Evangelhos como livros de *perversão* pela moral: a moral é atrelada a esses mesquinhos – conhecem muito bem a utilidade da moral! É a moral que melhor permite levar a humanidade *pelo nariz*! – A realidade é que aqui a mais consciente *presunção dos eleitos* se disfarça de modéstia: desse modo colocaram a *si próprios*, a "comunidade", os "bons e os justos", de uma vez por todas, de um lado, do lado da "verdade" – e o resto, "o mundo", do outro... *Aí está* a mais funesta espécie de loucura das grandezas jamais vista na terra: pequenos abortos de beatos e de mentirosos começam a se arrogar as noções de "Deus", de "verdade", de "luz", de "espírito", de "amor", de "sabedoria", de "vida", como se fossem sinônimos deles próprios, para estabelecer assim seus próprios limites no "mundo", pequenos superjudeus, maduros para todo tipo de manicômio, inverteram todos os valores em *seu* proveito, como se somente o cristão fosse o sentido, o sal, a medida e o *juízo final* de todo o resto... Toda essa funesta calamidade só foi possível porque já havia no mundo uma espécie aparentada, parente pela raça, de megalomania, a espécie *judaica*: uma vez que o abismo entre os judeus e os judeus-cristãos se abriu, estes últimos não tinham mais escolha senão empregar *contra* os judeus os mesmos procedimentos de autoconservação aconselhados pelo instinto judaico, ainda que os judeus os tivessem empregado somente contra tudo o que era *não*-judeu. O cristão não passa de um judeu de confissão "*mais livre*".

45

– Dou alguns exemplos do que esses mesquinhos se *puseram* na cabeça, do que puseram na *boca de* seu mestre: nada mais que confissões de "belas almas".

"E aqueles que não os receberem, nem os ouvirem, afastem-se deles e sacudam o pó de seus calçados, em testemunho contra eles. Em verdade lhes digo que haverá mais tolerância no dia do juízo para Sodoma e Gomorra, do que para os habitantes dessa cidade" (Marcos, 6, 11). – Como é *evangélico*!...

"E se alguém escandalizar um destes pequenos que creem em mim, melhor seria para ele que lhe pusessem ao pescoço uma mó de moinho e fosse lançado no mar" (Marcos, 9, 42). – Como é *evangélico*!

"Se teu olho é para ti ocasião de queda, arranca-o; é melhor entrar no reino de Deus com um só olho do que, com os dois, ser lançado no fogo do inferno, onde o verme não morre e o fogo nunca se apaga" (Marcos, 9, 47-48). – Não é exatamente do olho que se trata...

"Em verdade lhes digo que, dos que aqui estão, há alguns que não provarão a morte sem ver o reino de Deus chegar com poder" (Marcos 9, 1). – Bem *mentido*, leão!...

"Se alguém quiser vir após mim, que renuncie a si mesmo, tome sua cruz e me siga. Porquê..." (*Nota de um psicólogo*: a moral cristã é refutada pelos seus *porquês*: suas "razões" a contrariam – por isso é cristã). Marcos, 8, 34.

"Não julguem para não serem julgados ...com a medida com que tiverem medido serão também vocês medidos" (Mateus 7, 1-2). – Que noção de justiça, de um juiz "justo"!...

"Pois, se amarem aqueles que os amam, que recompensa terão? Os publicanos não fazem o mesmo? E se saudarem unicamente seus irmãos, que fazem de extraordinário? Os publicanos não fazem isso também?" (Mateus 5, 46-47). – Princípio do "amor cristão": no final das contas ele quer ser *bem pago*...

"Mas se não perdoarem aos homens suas ofensas, também seu Pai não perdoará suas ofensas" (Mateus 6, 15). – Muito comprometedor para o assim chamado "Pai".

"Procurem primeiro o reino de Deus e sua justiça e todas estas coisas lhes serão dadas em acréscimo" (Mateus 6, 33). – Todas estas coisas: isto é, alimento, vestuário, todo o necessário para a vida. Um *erro*, para falar com cortesia... Um pouco antes Deus aparece como um alfaiate, pelo menos em certos casos...

"Regozijem-se nesse dia, exultem de alegria, porque eis que é grande sua recompensa no céu; de fato, é assim que seus pais tratavam os profetas" (Lucas 6, 23). – Canalha *indecente*! Já se compara aos profetas...

"Não sabem que vocês são o templo de Deus e que o Espírito de Deus habita em vocês? Se alguém destrói o templo de Deus, Deus o destruirá; porque o templo de Deus, que são vocês, é santo" (Paulo, I Coríntios, 3, 16-17). – Para coisas desse tipo não há desprezo suficiente...

"Não sabem que os santos vão julgar o mundo? Ora, se o mundo deve ser julgado por vocês, são vocês porventura indignos de julgar as coisas mínimas?" (Paulo, I Coríntios, 6, 2). – Infelizmente, não é apenas o discurso de um fugido do manicômio...

Esse *espantoso impostor* assim prossegue: "Não sabem que seremos nós que haveremos de julgar os anjos? Quanto mais as coisas pertencentes a esta vida!"...

"Porventura Deus não considerou loucura a sabedoria deste mundo? Visto que o mundo com sua sabedoria não conheceu a Deus na sabedoria de Deus, aprouve a Deus salvar os crentes pela loucura da pregação; não são muitos os sábios segundo a carne, nem muitos os poderosos, nem muitos os nobres que são chamados. Mas Deus escolheu as coisas loucas do mundo para confundir os sábios; Deus escolheu as coisas fracas deste mundo para confundir os fortes; e Deus escolheu as coisas vis deste mundo e as desprezíveis, aquelas que nada são, para aniquilar as que são; para que nenhuma carne se glorie diante de Deus" (Paulo, I Coríntios, 1, 20 e seguintes). – *Para compreender* esta passagem, um exemplo de primeira ordem da psicologia de toda moral de *chandala*, deve-se ler a primeira parte de minha "*Genealogia da Moral*": nela, pela primeira vez, foi colocada em evidência a antítese entre uma moral *nobre* e uma moral de *chandala*, nascida do *ressentimento* e de uma vingança impotente. Paulo foi o maior de todos os apóstolos da vingança...

46

– *Que se segue disso*? Que é bom colocar luvas quando se lê o Novo Testamento. A presença de tanta sujeira praticamente obriga a isso. Aceitaríamos a companhia dos "primeiros cristãos" da mesma forma que dificilmente aceitaríamos aquela dos judeus poloneses: não que tenhamos necessidade de lhes fazer objeções... Ambos não cheiram bem. – Em vão perscrutei o Novo Testamento para nele encontrar um único traço de simpatia; não há nada que fosse franco, bondoso, sincero, leal. Nele a humanidade nem mesmo deu ainda seus primeiros passos – o instinto de *limpeza* está ausente... Não há senão *maus* instintos no Novo Testamento e nele esses maus instintos sequer estão dotados de coragem. Nele tudo é covardia, cegueira voluntária e engano de si próprio. Qualquer livro se torna limpo depois de ter lido o Novo Testamento: para dar um exemplo, logo depois do apóstolo Paulo, li com enlevo o mais encantador e insolente zombeteiro, como é Petrônio, do qual se poderia dizer o mesmo que Domenico Boccaccio escrevia ao duque de Parma sobre César Bórgia: "*è tutto festo*"[23] – imortalmente saudável, imortalmente de bom humor e bem-sucedido... Estes carolas insignificantes se enganam, com efeito, no essencial. Atacam, mas tudo o que é atacado por eles é por isso mesmo *elevado à distinção*. Aquele que é atacado por um "primeiro cristão" certamente *não* é denegrido... Pelo contrário, é uma honra ter contra si "primeiros cristãos". Não se pode ler o Novo Testamento sem uma predileção por tudo que nele é maltratado – sem falar da "sabedoria do mundo" que um insolente impostor tenta em vão confundir pela "loucura da pregação"... Mesmo os fariseus e os escribas levam vantagem de semelhante inimizade: certamente deviam ter algum valor para serem detestados de maneira tão indecente. Hipocrisia: – como

[23] O termo festo é inexistente no italiano; certamente Nietzsche pretendia escrever fesso; em tal caso, a expressão quer dizer é totalmente louco, é doido varrido (NT).

se essa fosse recriminação que "primeiros cristãos" *pudessem* fazer! – Afinal, eles eram os *privilegiados*: isso é suficiente, o ódio de *chandala* não precisa de outro pretexto. O "primeiro cristão" – e, receio também, o "último cristão", *ao qual talvez hei de sobreviver* – é, por seu instinto mais profundo, um rebelde contra tudo que é privilégio, vive, se bate sempre pela "*igualdade de direitos*"... Observando mais de perto, ele não tem escolha. Quando alguém quiser, a título pessoal, ser um "eleito de Deus" – ou um "templo de Deus", ou um "juiz dos anjos" – qualquer *outro* critério de eleição, por exemplo, em função da probidade, do espírito, da virilidade e do orgulho, da beleza e de liberdade de coração, se torna simplesmente "mundano" – é *o mal em si*... Moral: toda palavra na boca de um "primeiro cristão" é uma mentira, toda ação que realiza, uma falsidade de instinto – todos seus valores, todos seus fins são nocivos, mas *aquele* que ele odeia, *o* que odeia, *eis o que tem valor*... O cristão, e particularmente o padre cristão, é um *critério de valores*. – Preciso ainda dizer que, em todo o Novo Testamento, não aparece senão uma *única* figura digna de ser prestigiada? Pilatos, o governador romano. Levar a *sério* um assunto entre judeus – não se convence disso. Um judeu a mais ou a menos – que importa?... A nobre ironia de um romano, diante do qual se abusa indecentemente da palavra "verdade", enriqueceu o Novo Testamento com a única passagem que *tem valor* – que é sua crítica, seu próprio *aniquilamento:* "Que é a verdade?"

47

O que nos distingue, a *nós*, não é o fato de não encontrarmos nenhum Deus nem na história, nem na *natureza*, nem além da natureza – mas que consideramos tudo o que é venerado sob o nome de Deus, não como "divino", mas como lastimável, como absurdo, como nocivo, não somente como erro, mas como *crime contra a vida*... Negamos Deus como Deus... Se alguém nos *provasse* esse Deus dos cristãos, ficaríamos ainda menos inclinados a crer nele. – De uma fórmula: *Deus, quem Paulus creavit, dei negatio*[24]. – Uma religião como o cristianismo, que não possui um único ponto de contato com a realidade, que se esfacela no momento em que a realidade reclama seus direitos, deve, bem entendido, nem que seja num só ponto, ser inimiga mortal da "sabedoria do mundo", isto é, da *ciência* – essa religião aprovará, portanto, todos os meios pelos quais pode envenenar, caluniar e *depreciar* a disciplina do espírito, a integridade e o rigor nos casos de consciência do espírito, a frieza e a liberdade nobres do espírito. A "fé" como um imperativo é o *veto* contra a ciência – *in praxi*[25]: mentir a todo custo... Paulo *compreendeu* que a mentira – que a "fé" era necessária; mais tarde a Igreja, por sua vez, compreendeu Paulo. – Esse "Deus" que Paulo inventou, um Deus que "confunde" a "sabedoria do mundo" (no sentido estrito, as duas grandes adversárias de toda superstição, a filologia e a medicina), não é na verdade senão a firme *resolução* de Paulo para realizar isso: chamar Deus sua própria vontade, *torá* (lei), é arquijudaico. Paulo *quer* "confundir" a "sabedoria do mundo": seus inimigos são os *bons* filólogos e médicos da escola de Alexandria – é contra eles que faz guerra. De fato, não se poderia ser filólogo e médico sem ser ao mesmo tempo ser *Anticristo*.

[24] Frase latina que significa: O Deus que Paulo criou é a negação de Deus (NT).

[25] Expressão latina que significa na prática (NT).

Com efeito, como filólogo, se observa *atrás* dos "Sagradas Escrituras", como médico, *atrás* da degeneração fisiológica do cristão típico. O médico diz "incurável"; o filólogo, "fraude"...

48

– Será que alguém compreendeu realmente a célebre história que se encontra no início da Bíblia – aquela do pavor mortal que Deus tem pela *ciência*?... Ninguém a compreendeu. Esse livro de sacerdotes *por excelência* começa, como convém, com a grande dificuldade interior do sacerdote: ele não conhece senão um único grande perigo, *logo*, "Deus" só conhece um único grande perigo.

O velho Deus, todo "espírito", todo sumo sacerdote, todo perfeição, se concede um belo passeio em seu jardim: sozinho, acaba se aborrecendo. Contra o tédio até os deuses lutam em vão. O que ele faz? Inventa o homem – o homem é divertido... Mas então percebe que o homem também está entediado. A misericórdia de Deus para a única angústia presente em todos os paraísos não conhece mais limites: criou imediatamente outros animais. *Primeiro* equívoco de Deus: o homem não achou os animais divertidos – dominou sobre eles, mas não queria mais ser "animal". – Então Deus criou a mulher. E, de fato, eliminou o tédio – mas também outras coisas! A mulher foi o *segundo* equívoco de Deus. – "A mulher é, em sua própria essência, uma serpente, Eva" – todo sacerdote sabe disso; "é da mulher que provém *todo* o mal do mundo" – todo sacerdote sabe disso também. "*Por conseguinte*, é dela também que provém a *ciência*"... Não foi senão pela mulher que o homem aprendeu a provar da árvore do conhecimento. – Que aconteceu? Um pavor mortal acometeu o velho Deus. O próprio homem se havia tornado seu *maior* equívoco, havia criado para si um rival, a ciência torna o *igual a Deus* – tudo está acabado para sacerdotes e deuses quando o homem se torna homem de ciência! – *Moral*: a ciência é a coisa proibida em si – somente ela é proibida. A ciência é o *primeiro* pecado, o germe de todos os pecados, o pecado *original. Essa é a única moral.* – "Tu *não* conhecerás": o resto decorre disso. – O pavor mortal de Deus não o impedia de ser astuto. Como se *defender* contra a ciência? Isso se torna por longo tempo seu grande problema. Resposta: expulsando o homem do paraíso! A felicidade, a ociosidade fazem surgir pensamentos – todos os pensamentos são maus pensamentos... O homem não *deve* pensar. – E o "sacerdote em si" inventa a necessidade, a morte, os perigos mortais do parto, toda a espécie de misérias, a velhice, o trabalho e sobretudo a *doença* – nada senão meios para combater a ciência! As dificuldades não *permitem* ao homem pensar... Apesar disso! Que horror! A obra do conhecimento se eleva numa torre que se lança para o céu, onde ocorre o crepúsculo dos deuses – que fazer! O velho Deus inventa a *guerra*, separa os povos, faz com que os homens se exterminem reciprocamente (– os sacerdotes sempre tiveram necessidade da guerra...). A guerra – entre outras coisas, um grande quebra-cabeças para a ciência! – Inacreditável! O conhecimento, *meio de emancipação do sacerdote*, prospera igualmente apesar das guerras! – E o velho Deus toma uma última resolução: "O homem se tornou homem de ciência – *nada a fazer, é preciso afogá-lo*!..."

49

– Fui compreendido. O início da Bíblia contém *toda* a psicologia do sacerdote. – O sacerdote só conhece um grande perigo: a ciência – a sadia noção de causa e efeito. Mas a ciência não prospera no conjunto a não ser em condições favoráveis – é preciso ter tempo, é preciso ter espírito *transbordante* para poder "conhecer"... "*Logo*, é preciso tornar o homem infeliz" – essa foi, desde sempre, a lógica do sacerdote. – É fácil ver *o que*, a partir dessa lógica, foi introduzido no mundo: – o "*pecado*"... A noção de culpa e castigo, toda a "ordem moral do mundo" foram inventadas *contra* a ciência – *contra* a emancipação do homem das mãos do sacerdote... O homem *não* deve olhar para fora de si, deve olhar para dentro de si mesmo; *não* deve olhar *nas* coisas com a inteligência e a circunspecção necessárias para aprender, *não* em absoluto olhar: deve apenas *sofrer*... E deve sofrer de tal modo que a todo instante tenha necessidade do sacerdote. – Fora os médicos! *É de um Salvador que se tem necessidade.* – As noções de culpa e de castigo, incluindo nelas a doutrina da "graça", da "salvação", do "perdão" – *mentiras* de ponta a ponta e sem a menor realidade psicológica – foram inventadas para destruir o *senso de causalidade*: são um ataque contra o conceito de causa e efeito! – E *não* um ataque a socos, a facadas, na lealdade do ódio e do amor! Não, mas um ataque suscitado pelos instintos mais covardes, mais astuciosos, mais ignóbeis! Um ataque de *sacerdotes*! Um ataque de *parasitas*! Um vampirismo de sugadores de sangue pálidos e subterrâneos!... Quando as consequências naturais de um ato não são mais "naturais", mas são vistas como produzidas por noções fantasmas da superstição, por "Deus", pelos "espíritos", pelas "almas", como consequências simplesmente "morais", como uma recompensa, um castigo, um aviso, um meio de educação, então são destruídas as condições do conhecimento – *então foi perpetrado o maior crime contra a humanidade.* – O pecado, repito, essa forma de autoprofanação *por excelência*, foi inventado para tornar impossíveis a ciência, a cultura, toda elevação e toda nobreza no homem; o sacerdote *domina* graças à invenção do pecado.

50

– Não posso, a esse ponto, deixar de lado uma psicologia da "fé", do "crente", em benefício, bem entendido, justamente dos "crentes". Se hoje há ainda alguns que não sabem até que ponto é *indecente* ser "crente" – ou até que ponto é um sinal de *decadência*, de falta de vontade de viver – a partir de amanhã o saberão. Minha voz alcança até mesmo os surdos. – Parece-me, se não compreendi mal, que há entre os cristãos uma espécie de critério da verdade chamado "prova pela eficácia". "A fé torna feliz: *logo*, é verdadeira". – Em primeiro lugar se poderia objetar que justamente a beatitude real não é demonstrada, mas apenas *prometida*: a beatitude ligada à condição da "fé" – *deve-se* ser feliz, *porque* se crê... Mas a *inserção* efetiva daquilo que o sacerdote promete ao crente para esse "além" que escapa a todo controle, *isso*, por que meio prová-lo? – A pretensa "prova de eficácia" não é, portanto, no fundo, senão novamente uma crença na realização infalível do efeito que é prometido pela fé. – Numa fórmula: "Creio que a fé torna feliz – *logo*, ela é verdadeira"... – Mas com isso, tudo está definido. Esse "logo" seria o próprio *absurdo* como critério da verdade.

– Admitamos, porém, com todo o espírito de conciliação, que a beatitude real seja provada pela fé (– *não* meramente desejada, *não* somente prometida pela boca um tanto suspeita de um sacerdote): a beatitude – em termos mais técnicos, o *prazer* – seria uma prova da verdade? Tão pouco, que quase se tem a prova do contrário, que em todo caso se tem a mais viva suspeita com relação à verdade quando as sensações de prazer têm voz em capítulo na pergunta "que é a verdade?". A prova pelo "prazer" é uma prova *do* "prazer" – nada mais; em virtude de qual princípio se deveria admitir que precisamente os juízos *verdadeiros* causariam mais prazer que os falsos e que, segundo uma harmonia preestabelecida, deveriam arrastar após si sensações agradáveis? – A experiência de todas as mentes disciplinadas e profundas ensina o *contrário*. O homem teve de lutar bravamente por cada migalha da verdade, teve de sacrificar por ela quase tudo aquilo, por outro lado, em que se agarra nosso coração, nosso amor, nossa confiança na vida. Para isso é necessário grandeza de alma: o serviço da verdade é o mais duro dos serviços. – O que significa, então, ser *íntegro* nas coisas do espírito? Significa ser severo com seu próprio coração, desprezar os "belos sentimentos" e fazer um caso de consciência de cada sim e de cada não! – A fé torna feliz: *logo*, ela mente...

51

Que em certas circunstâncias a fé dê a beatitude, que a beatitude não produza ainda uma ideia *verdadeira* a partir de uma ideia fixa, que a fé não mova as montanhas, mas que as *coloque* onde antes não havia: uma breve passagem por um *hospício* explica tudo isso de modo satisfatório. Certamente *não* para um padre: pois esse nega por instinto que a doença seja doença, que o hospício seja hospício. O cristianismo tem *necessidade* da doença, assim como o helenismo necessitava de um acréscimo de saúde – *tornar* doente é a verdadeira intenção oculta de todo o sistema terapêutico de salvação da Igreja. E a própria Igreja – não é o hospício católico como ideal último? – A terra inteira como hospício? – O homem religioso, como a Igreja o *quer*, é um típico *decadente*; a época em que uma crise religiosa se apodera de um povo é sempre caracterizada por epidemias de doenças nervosas; o "mundo interior" do homem religioso se assemelha ao "mundo interior" dos superexcitados e astênicos, na distinção dos quais se pode se enganar; os estados mais "sublimes", que o cristianismo elevou como valor dos valores acima da humanidade são formas epileptoides – a Igreja não canonizou *ad majorem Dei honorem*[26] senão malucos *ou* grandes impostores... Um dia me permiti descrever todo o *treinamento* cristão da penitência e da salvação (que hoje é estudado na Inglaterra melhor que em qualquer lugar) como uma *loucura circular* metodicamente provocada, bem entendido num terreno já preparado, isto é, fundamentalmente mórbido. Ninguém está livre de se tornar cristão: ninguém é "convertido" ao cristianismo, é preciso que esteja bastante doente para isso... Nós, que temos a *coragem* para a saúde, *assim como* para o desprezo, *estamos* no direito de desprezar uma religião que ensinou a desprezar o corpo! Que não quer se livrar da superstição da alma! Que

[26] (1) Expressão latina que significa para a maior honra de Deus (NT).

faz da alimentação insuficiente um "mérito"! Que combate na saúde uma espécie de inimigo, de demônio, de tentação! Que se convenceu de que se pode fazer passear "alma perfeita" num corpo cadavérico e que, para esse fim, teve necessidade de inventar um novo conceito da "perfeição", um ser pálido, doentio, idiota até a estupidez, a pretensa "santidade" – a santidade, ela própria nada mais que uma síndrome do corpo empobrecido, esgotado, incuravelmente corrompido!

O movimento cristão, enquanto movimento europeu, é a um tempo um movimento de conjunto dos elementos de refugo e de decadência (– esses, com o cristianismo, aspiram ao poder). – *Não* exprime o declínio de uma raça, é um agregado de formas de *decadência* vindas de toda parte, prensando-se umas contra as outras e se procurando. *Não* foi, como se pensa, a corrupção da própria Antiguidade, da Antiguidade nobre, que tornou possível o cristianismo: não se poderia contradizer com suficiente rudeza eruditos que sustentam ainda hoje semelhante gênero de teoria. Na época em que as camadas *chandalas* doentes, corrompidas se cristianizam em todo o *império*, o tipo justamente *oposto*, a aristocracia, existia em sua forma mais bela e mais completa. Foi a grande massa que subiu ao poder; o *democratismo* dos instintos cristãos *triunfou*... O cristianismo não era "nacional", não estava ligado a uma raça – ele se dirigia a todos os tipos de deserdados da vida, tinha seus aliados em toda parte. O cristianismo possui em seu âmago o rancor dos doentes, seu instinto dirigido contra os *sadios, contra a saúde.* Tudo o que é bem-sucedido, orgulhoso, petulante, sobretudo o belo, lhe fere os ouvidos e os olhos. Novamente lembro as inestimáveis palavras de Paulo: "O que é *fraco* aos olhos do mundo, o que é *loucura* aos olhos do mundo, o que é *vis* e *desprezível* aos olhos do mundo, Deus escolheu"[27]: era isso, a fórmula, *in hoc signo*[28] a *decadência* venceu. – *Deus na cruz* – não se haverá de compreender jamais a assustadora segunda intenção desse símbolo? – Tudo o que sofre, tudo o que pende da cruz é *divino*... Todos estamos suspensos na cruz, por conseguinte, *somos divinos*... Somente nós somos divinos!... O cristianismo foi uma vitória, um modo de pensar *mais aristocrático* pereceu por causa dele – o cristianismo foi até agora a maior desgraça da humanidade.

---

[27] I Epístola aos Coríntios, I, 27-28.

[28] Expressão latina que significa com este sinal (NT).

52

O cristianismo se posiciona também contra todo êxito *intelectual* – somente uma razão doentia *pode* lhe servir de razão cristã; toma o partido de tudo o que é idiota, lança seu anátema contra o "espírito", contra a *soberba* do espírito sadio. Uma vez que a doença faz parte da essência do cristianismo, *segue-se* igualmente que o estado tipicamente cristão, a "fé", seja uma forma de doença, *é necessário* que todos os caminhos retos, legítimos e científicos para o conhecimento sejam banidos pela Igreja como caminhos *proibidos*. A própria dúvida já é um pecado... A completa ausência de limpeza psicológica no sacerdote – que se trai num simples olhar – é uma *sequela* da *decadência* – bastante para isso observar as mulheres histéricas e, por outro lado, as crianças raquíticas, para ver a que ponto a falsificação do instinto, o prazer de mentir por mentir, a incapacidade de olhar e caminhar direito são regularmente a expressão da *decadência*. "Fé" significa *não querer* saber o que é verdade. O pietista, o padre dos dois sexos, é falso *porque* está doente: seu instinto *exige* que a verdade jamais faça valer seus direitos. "O que torna doente é *bom*; o que vem da plenitude, da superabundância, do poder, é *mau*": assim pensa o crente. *A mania servil da mentira* – é nisso que reconheço todos os teólogos predestinados. – Outra característica do teólogo é sua *inaptidão em filologia*. Por filologia deve-se entender, em sentido muito genérico, a arte de ler bem – saber decifrar fatos *sem* falsificá-los pela interpretação, *sem* perder, na ânsia de compreendê-los, a prudência, a paciência, a sutileza. A filologia como *suspensão do julgamento* na interpretação: que se trate de livros, de notícias, de jornais, de eventos ou de fatos meteorológicos – para não dizer nada da "salvação da alma"... A maneira pela qual um teólogo, seja de Berlim ou de Roma, interpreta uma "passagem da Escritura" ou um acontecimento, por exemplo, a vitória do exército de sua pátria, à luz sublime dos salmos de Davi, é sempre tão *ousada* que faz um filólogo subir pelas paredes. E como deverá agir quando pietistas e outros bovídeos da região da Suábia transformam o miserável quotidiano e a atmosfera confinada de sua existência, com a ajuda do "dedo de Deus", num milagre de "graça", de "providência" e de "experiências da salvação"? O mais modesto esforço intelectual, para não dizer de *decência,* deveria certamente levar esses intérpretes a se convencer daquilo que tem de perfeitamente infantil e indigno um tal abuso da destreza do dedo de Deus. Se fôssemos dotados do mínimo de compaixão, um Deus que nos curasse em momento oportuno de um resfriado ou que nos dissesse para subir na carruagem no instante em que começasse a desabar um aguaceiro, deveria ser para nós um Deus tão absurdo que, mesmo se existisse, deveríamos nos desembaraçar dele. Um Deus lacaio, mensageiro, vendedor de almanaques – enfim, uma palavra para designar a espécie mais imbecil de acaso... A "divina providência", na qual ainda hoje uma terça parte da "Alemanha instruída" acredita, seria uma objeção contra Deus, muito mais forte do que se possa imaginar. E, em todo caso, é uma objeção contra os alemães!

53

– A ideia de que *mártires* provam alguma coisa quanto à verdade de uma causa é tão pouco verdadeira que me sinto inclinado a negar que qualquer mártir tenha tido alguma coisa a ver com a verdade. No tom com que um mártir lança sua certeza de verdade no rosto do mundo já revela um grau tão baixo de probidade intelectual, tamanha *insensibilidade* ao problema da "verdade", que nunca se tem necessidade de refutar um mártir. A verdade não é alguma coisa que uns possuem e outros não: isso, é o que podem pensar da verdade camponeses ou apóstolos de camponeses do calibre de Lutero. Pode-se ter certeza de que, nesse ponto, a modéstia, a *discrição* aumentam sempre em proporção ao grau de delicadeza de consciência nas coisas do espírito. *Dominar* cinco assuntos e se recusar, com delicadeza, a conhecer *outros mais*... O sentido que é conferido à palavra "verdade" por todo profeta, todo membro de seita, todo espírito livre, todo socialista, todo homem de Igreja é uma prova perfeita de que não se adquiriu nem sequer os rudimentos do adestramento do espírito e do domínio de si, que são necessários para provar nem que fosse a menor parcela da verdade. – As mortes de mártires, diga-se de passagem, foram uma grande desgraça na história: elas *seduziram*... A conclusão de todos os idiotas, mulheres e povo incluídos, de que deve haver alguma coisa que valha numa causa pela qual alguém aceita afrontar a morte (ou que, como o cristianismo primitivo, provoca epidemias de mortes voluntárias) – essa conclusão bloqueou incrivelmente o exame, o espírito de exame e de circunspecção. Os mártires *danificaram* a verdade... Hoje ainda, basta algo de brutalidade na perseguição para conferir um odor de *respeitabilidade* a um espírito sectário, em si mesmo ainda insignificante. – Como? Altera-se alguma coisa no valor de uma causa se por ela se dá a vida? – Um erro que se torna honroso é um erro que possui um atrativo sedutor a mais:

vocês acreditam, senhores teólogos, que lhes daremos a oportunidade de se tornarem mártires de suas mentiras? – A melhor maneira de refutar uma causa é colocá-la de lado – é dessa maneira também que se refuta os teólogos... Foi precisamente isso o que constitui a tolice histórica de todos os perseguidores: dar à causa contrária a aparência de respeitabilidade – dar-lhe de presente o fascínio do martírio... A mulher ainda hoje se ajoelha diante de um erro. *Será, portanto, que a cruz é um argumento*? – Mas sobre todas essas coisas um único disse aquilo de que há milhares de anos se tinha necessidade – *Zaratustra*:

"Demarcaram com sangue o caminho que percorreram e sua loucura proclamou que com o sangue se prova a verdade. Mas o sangue é a pior testemunha da verdade; o sangue envenena a doutrina mais pura e a converte em loucura e ódio do coração. E quando alguém atravessa o fogo por sua doutrina – que é que isso prova? É preferível que nossa própria doutrina venha de nosso próprio braseiro!"[29]

[29] Assim falava Zaratustra, II, "Dos Sacerdotes", no final (NT).

54

Não nos deixemos enganar: os grandes intelectos são céticos. Zaratustra é um cético. A força, a *liberdade* que surgiu do poder e da abundância de poder do espírito se *prova* pelo ceticismo. Para tudo aquilo que é fundamental em questão de valor e de não-valor, os homens de convicção não são levados em consideração. As convicções são prisões. Isso não vê bastante longe, não vê *abaixo de si*: ora, para ter o direito de falar sobre o valor e o não-valor, é necessário ter quinhentas convicções *abaixo de si* – *atrás* de si... Um espírito que quer algo de grande e que também quer os meios é, por necessidade, cético. O que a força *implica* é a liberdade com relação a convicções de toda espécie, a *capacidade* de observar livremente... A grande paixão, fundamento e potência de ser nesse espírito, mais esclarecido e despótico que possa ser em si mesmo, requer a seu serviço todo o seu intelecto; elimina todo escrúpulo; concede-lhe até a coragem para empregar meios ímpios; se a oportunidade se apresentar, lhe *concede* convicções. A convicção como *meio*: há muitas coisas que só podem ser alcançadas por meio de uma convicção. A grande paixão usa convicções, e as usa a fundo, mas não se submete a elas – ela sabe que é soberana. – Inversamente: a necessidade de crença, de uma coisa qualquer não subordinada ao sim e ao não, de *carlylismo*[30], se me permitem a expressão, é uma necessidade da *fraqueza*. O homem de crença, o "crente" de toda espécie, é necessariamente um homem dependente – incapaz de colocar-se a *si mesmo* como objetivo final e, por si mesmo, incapaz igualmente de estabelecer objetivos. O "crente" não se pertence a *si mesmo*, só pode ser meio, precisa ser utilizado, tem necessidade de que alguém o utilize. Seu instinto atribui as honras supremas à moral da abnegação:

---

[30] (1) Termo derivado do nome do escritor Carlyle (1795-1881), autor da obra Heróis e o culto dos heróis (NT).

tudo o persuade a isso, sua inteligência, sua experiência, sua vaidade. A crença de toda espécie é mesmo uma expressão de abnegação, de alienação de si... Se se pensar até que ponto é preciso necessariamente à maioria das pessoas um regulador que as ligue e as fixe ao exterior, até que ponto a coação, num sentido mais elevado a *escravidão*, é a única e última condição na qual prospera o ser humano de vontade fraca, e em particular a mulher, ter-se-á igualmente compreendido a convicção, a "fé". O homem de convicção tem a fé como espinha dorsal. Ficar *cego* a muitas coisas, não ser imparcial em nenhum ponto, ser radicalmente de opinião formada, estimar todos os valores com uma ótica estrita e infalível – essas são as condições que tornam possível a existência de semelhante espécie de homens. Mas é o que faz deles a antítese, os *antagonistas* do homem verídico – da verdade... O crente não é livre de dispor de sua consciência para responder à questão do "verdadeiro" e do "falso"; ser íntegro *nesse* ponto representaria a própria ruína. O condicionamento patológico de sua ótica faz do convicto um fanático – Savonarola, Lutero, Rousseau, Robespierre, Saint-Simon – o tipo oposto do espírito vigoroso, que se tornou *livre*. Mas a pose grandiosa desses espíritos *doentes*, desses epiléticos das ideias, age sobre as grandes massas – os fanáticos são pitorescos, a humanidade prefere ver gesticulações antes que ouvir *razões*...

55

– Vamos dar um passo a mais na psicologia da convicção, da "fé". Há muito tempo que levantei a questão de saber se as convicções não são inimigas mais perigosas da verdade que as mentiras (*Humano, demasiado humano*, itens 54 e 483). Desta vez gostaria de propor a questão definitiva: há mesmo antítese entre mentira e convicção? – Todo o mundo acredita que sim; mas no que todo mundo não acredita! – Toda convicção tem sua história, seus antecedentes, suas tentativas e seus equívocos: ela se *torna* convicção após um longo momento sem sê-lo, após um momento ainda mais longo em que não o é *praticamente*. Pois bem, será que a mentira não poderia igualmente fazer parte dessas formas embrionárias de convicção? – Às vezes é necessária apenas uma mudança de pessoas: o que era ainda mentira para o pai se torna convicção para o filho. – Chamo mentira: recusar-se a ver o que se vê, recusar-se a ver alguma coisa como de fato é: se a mentira tem lugar diante de testemunhas ou não, isso não vem ao caso. A mentira mais comum é aquela pela qual se mente a si mesmo; mentir aos outros é relativamente a exceção. – Ora, essa *recusa* de ver o que se vê, essa recusa de ver *como* se vê, é quase a condição primeira para todas as pessoas de *opinião formada*, em qualquer sentido que se tome a expressão: o homem de opinião se torna mentiroso por força das circunstâncias. Por exemplo, a historiografia alemã está convencida de que Roma representava o despotismo e que os povos germânicos trouxeram ao mundo o espírito de liberdade: qual a diferença entre essa convicção e uma mentira? Pode alguém ainda se admirar que todas as opiniões, incluindo os historiadores alemães, tenham na boca as grandes frases da moral – que a moral não *subsiste* praticamente senão porque o homem de opinião de todo calibre necessita dela a cada instante? – "Esta é *nossa* convicção: nós a confessamos diante de todos, vivemos e morremos por ela – que seja respeitado todo aquele que tiver uma convicção!" – coisas desse tipo, eu as ouvi realmente da boca de antissemitas. Pelo contrário, senhores! Mentir por princípio certamente não torna um antissemita mais respeitável... Os padres, que possuem mais sutileza nessa matéria e que compreendem muito bem a objeção existente contra a própria noção de convicção, ou seja, de mentira por princípio *porque* é mentira eficaz, tomaram dos judeus a astúcia que consiste em intercalar nesses casos a noção de "Deus", de "vontade de Deus", de "revelação divina". Também Kant, com seu imperativo categórico, estava no mesmo caminho: sua razão se tornou *prática*. – Há questões em que a decisão sobre a verdade e a falsidade *não* pertence ao homem, todas as questões supremas, os problemas de valores supremos estão acima da razão humana... Compreender os limites da razão – *aí está* onde começa verdadeiramente a filosofia... Para que fim Deus deu ao homem a revelação? Deus faria algo de supérfluo? O homem é por si mesmo *incapaz* de saber o que é bem e o que é mal, por isso Deus lhe ensinou sua vontade... Moral: o sacerdote *não* mente – a questão "verdadeiro" ou "falso" não *existe* nas coisas de que falam os padres; essas coisas sequer permitem mentir. De fato, para mentir, seria necessário poder decidir *o que* é verdade no caso. Mas é exatamente o homem não *pode* fazer; logo, o padre é simplesmente um porta-voz de Deus. – Semelhante silogismo de padre não é de certo somente judaico e cristão; o direito à mentira e a *astúcia* da "revelação" fazem parte do tipo do sacerdote, dos sacerdotes da *decadência* bem como dos sacerdotes do paganismo (– são pagãos todos aqueles que dizem sim à vida, para os quais "Deus" é a palavra que designa o grande sim a todas as coisas). – A "lei", a "vontade de Deus", o "livro sagrado", a "inspiração" – tudo isso nada mais são que palavras que designam as condições *nas quais* o sacerdote acede ao poder, graças às *quais* conserva seu poder – essas noções se encontram no princípio de todas organizações sacerdotais, de todas as formas de dominação sacerdotais ou filosóficas. A "santa mentira" – é comum a Confúcio, ao código de Manu, a Maomé, à Igreja cristã: – é encontrada também em Platão. "A verdade está aqui": essas palavras significam, onde quer que sejam pronunciadas, que o *padre mente*...

56

– Por fim, chega-se a isto: tudo depende para que finalidade se mente. Que o cristianismo não tenha fins "sagrados", essa é *minha* objeção contra seus meios. Há somente fins *maus*: envenenamento, calúnia, negação da vida, desprezo do corpo, degradação e autoaviltamento do homem pela noção de pecado – *logo*, seus meios também são maus. – É com um sentimento totalmente contrário que leio o código de Manu, obra incomparavelmente espiritual e superior; seria um pecado contra o *espírito* simplesmente *citá-lo* junto com a Bíblia. É fácil ver o porquê: esse código tem uma verdadeira filosofia por detrás dele, *nele* próprio, não somente uma mistura nauseabunda de rabinismo judaico e de superstição – oferece algo saboroso, até mesmo ao psicólogo mais insensível. *Sem esquecer* o essencial, a diferença fundamental com toda espécie de Bíblia: as classes *nobres*, os filósofos e guerreiros conservam, graças a ele, o domínio sobre a multidão; está repleto de valores nobres, de um sentimento de perfeição, de um dizer sim à vida, de um sentimento triunfante de bem-estar consigo e com a vida – o *sol* inunda todo esse livro. – Todas as coisas sobre as quais o cristianismo exibe sua insondável vulgaridade, por exemplo, a mulher, o casamento, são nesse código tratados com respeito, com amor e confiança. Como, portanto, se poderia colocar nas mãos de crianças e de mulheres um livro que contém estas palavras abjetas: "Para evitar a impudicícia, que cada homem tenha sua esposa e que cada mulher tenha seu marido ...pois é melhor casar-se do que arder em desejos"?[31] E será *possível* ser um cristão enquanto a origem do homem estiver cristianizada, isto é, *maculada* pela noção de *imaculada* conceição?... Não conheço qualquer outro livro em que sejam ditas tantas coisas boas e ternas sobre a mulher como no código de Manu; esses velhos grisa-

[31] I Epístola aos Coríntios, VII, 2 e 9 (NT).

lhos e santos possuíam um modo tão amável de ser com as mulheres que talvez seja impossível superá-los. “A boca de uma mulher” – diz uma passagem – “os seios de uma donzela, a oração de uma criança e a fumaça do sacrifício são sempre puros.” Em outra passagem: “Não há nada mais puro que a luz do sol, a sombra de uma vaca, o ar, a água, o fogo e a respiração de uma jovem.” Uma última passagem – talvez também uma mentira sagrada – “Todos os orifícios do corpo acima do umbigo são puros, todos aqueles que estão abaixo dele são impuros. Somente na jovem o corpo inteiro é puro.”

57

Verifica-se que a *irreligiosidade* dos procedimentos cristãos estão *em flagrante* delito quando se compara a *finalidade cristã* com a finalidade do código de Manu – quando se submete a uma luz intensa essa extrema antítese dos fins. Nisso, o crítico do cristianismo não pode deixar de torná-lo *desprezível*. – Um código como o de Manu tem a mesma origem que todo bom código: resume a experiência, a prudência e a ética experimental adquiridas ao longo dos séculos; conclui, não cria mais nada. A ideia que preside uma codificação desse gênero é que os meios que conferem autoridade a uma *verdade* lenta e duramente adquirida diferem fundamentalmente daqueles que seriam utilizados para demonstrá-la. Um código nunca relata necessidades, razões, casuística que constituem o pressuposto de uma lei: com isso perderia justamente o tom imperativo, o "tu deves", tudo o que torna a obediência possível. O problema se encontra exatamente aqui. – Em certo ponto da evolução de um povo, sua classe mais judiciosa, aquela que tem melhor percepção do passado e do futuro, declara concluída a experiência em função da qual se deve – isto é, se *pode* – viver. Seu objetivo consiste em colher os frutos mais ricos e mais maduros possíveis das épocas de experimentação e de experiências *más*. O que se deve, pois, evitar doravante é o prolongamento da experimentação, a prorrogação do estado instável dos valores, a colocação à prova, a escolha, a crítica dos valores ao *infinito*. A isso se opõe uma dupla muralha: de um lado, a *revelação*, isto é, a afirmação de que a razão das leis não é de origem humana, que *não* é procurada e encontrada lentamente e com equívocos, mas, sendo de origem divina, foi simplesmente comunicada completa, perfeita, sem uma história, como um presente, um milagre...

Do outro lado, a *tradição*, isto é, a afirmação de que a lei existiu desde tempos imemoriais, que é faltar de piedade, um crime contra os antepassados colocá-la em dúvida. A autoridade da lei se baseia sobre estas duas teses: Deus a *deu* e os antepassados a *viveram*. – A razão superior desse procedimento está na intenção de desviar a consciência, passo a passo, para longe da vida reconhecida como justa (isto é, *demonstrada* por uma vasta experiência e severamente passada no crivo), de tal modo que se atinja o perfeito automatismo de um instinto – condição de todo domínio, de toda espécie de perfeição na arte de viver.

Estabelecer um código como o de Manu significa conferir doravante a um povo o acesso ao domínio, à perfeição – o direito de aspirar à suprema arte de viver. *Para isso, deve-se torná-lo inconsciente*: esse é o objetivo de toda mentira sagrada. – A *ordem das castas*, a lei suprema, a lei dominante, é meramente a sanção de uma *ordem natural*, de uma legalidade natural de primeira ordem, sobre a qual nenhuma vontade, nenhuma "ideia moderna" tem poder. Em toda sociedade saudável se distinguem, condicionando-se reciprocamente, três tipos fisiológicos cujas gravitações são diferentes, tendo cada um deles sua própria higiene, sua própria esfera de trabalho, seu próprio sentimento de perfeição e de domínio. *Não é* Manu, mas a natureza que separa numa classe aqueles que predominam pelo espírito, em outra aqueles que se destacam pela força muscular e pelo temperamento, e numa terceira aqueles em quem não predomina nem um nem outro, os medíocres – estes constituem a maioria e os demais, a elite.

A casta superior – que denomino a dos *pouquíssimos* – como perfeita, tem também os privilégios dos pouquíssimos: em particular aquele de representar a felicidade, a beleza, a bondade na terra. Apenas os homens mais intelectuais têm direito à beleza, *ao belo*: somente neles a bondade não é fraqueza. *Pulchrum est paucorum hominum*[32]: o bem é um privilégio. Em contrapartida, nada lhes é mais impróprio que as más maneiras, ou um olhar pessimista, os olhos que refletem o *feio* – ou a indignação contra o aspecto geral das coisas. A indignação é o privilégio dos *chandala*; assim como o pessimismo. "*O mundo é perfeito*" – assim fala o instinto dos mais intelectuais, o instinto que diz sim – "a imperfeição, tudo o que está *abaixo* de nós de alguma forma, a distância, o sentimento de distância, o próprio *chandala* pertence ainda a essa perfeição". Os homens mais intelectuais, sendo os *mais fortes*, encontram sua felicidade onde outros encontrariam sua ruína:

[32] Frase do poeta latino Horácio (Satirae, I, 9, 44) e que significa o belo pertence a poucos homens, em outros termos, a beleza é privilégio de poucos (NT).

no labirinto, na dureza contra si próprio e contra os outros, no esforço; seu prazer é de se vencerem a si mesmos: neles o ascetismo é natureza, necessidade, instinto. A seus olhos, a tarefa difícil é um privilégio; lidar com fardos que esmagam os outros é um *entretenimento*... O conhecimento – forma de ascetismo. – Constituem o tipo humano mais respeitável: isso não impede que também sejam os mais alegres e os mais amáveis. Dominam não porque querem, mas por aquilo que *são*; não possuem a liberdade de ser os segundos.

– Os *segundos*: são os guardiães do direito, os administradores da ordem e da segurança, os guerreiros nobres e, acima de tudo, o rei, como a forma suprema do guerreiro, do juiz e do defensor da lei. Os segundos constituem o elemento executivo dos intelectuais, são aqueles que lhes estão mais próximos, que os livram de tudo que o trabalho de dominação comporta de *grosseiro* – são sua escolta, sua mão direita, seus melhores discípulos. – Em tudo isso, repito, nada é arbitrário, nada é "fabricado"; apenas o *contrário* é fabricado – nesse caso, destrói a natureza...

A ordem das castas, a *hierarquia* simplesmente formula a lei suprema da própria vida; a separação dos três tipos é necessária para a conservação da sociedade, para possibilitar o surgimento de tipos mais elevados e supremos – a *desigualdade* dos direitos é a primeira condição para que haja direitos. – Um direito é um privilégio. Em sua forma de ser, cada um tem também seu privilégio. Não subestimemos os privilégios dos *medíocres*. Quanto mais *elevada*, mais dura se torna a vida – o frio aumenta, a responsabilidade aumenta. Uma civilização elevada é uma pirâmide: somente subsiste com uma base larga; sua condição primeira é uma mediocridade forte e sadiamente consolidada. O artesanato, o comércio, a agricultura, a *ciência*, grande parte da arte, numa palavra, tudo o que designa a noção de atividade *profissional*, não se concilia em absoluto senão com uma média nas capacidades e nos desejos; seriam coisas deslocadas nas exceções, o instinto que faz parte delas se oporia tanto ao aristocratismo como ao anarquismo. Para ser de utilidade pública, para ser uma engrenagem, uma função, é preciso ser destinado a isso pela natureza: *não* é a sociedade, a espécie de *felicidade* de que a maioria é justamente capaz, que faz deles máquinas inteligentes. Para o medíocre, ser medíocre é uma felicidade; o domínio numa só esfera, a especialização para ele é um instinto natural. Seria perfeitamente indigno de um espírito mais profundo ver sem dificuldade algo de condenável na mediocridade em si. Ela é, de fato, o *primeiro* pressuposto para que possa haver exceções: torna possível uma cultura elevada. Quando o homem de exceção trata o homem medíocre com mais delicadeza que a si próprio ou a seus iguais, isso não se trata somente de uma gentileza – é simplesmente seu *dever*... A quem odeio mais entre a ralé de hoje? A ralé dos socialistas, os apóstolos *chandalas* que minam o instinto, o prazer, o sentimento de satisfação que o trabalhador tem de sua pequena existência – que o tornam invejoso, que lhe inculcam a vingança... A injustiça nunca está na desigualdade dos direitos, mas na reivindicação de direitos "*iguais*"... O que é *mau*? Mas já respondi: tudo o que provém da fraqueza, da inveja, da *vingança*. – O anarquista e o cristão têm a mesma origem...

58

De fato, tudo pende da finalidade pela qual se mente: se é para preservar ou para *destruir*. Há uma perfeita consonância entre o *cristão* e o *anarquista*: seus objetivos, seu instinto são direcionados somente para a destruição. A prova dessa afirmação pode ser encontrada na história: ela aparece com uma nitidez espantosa. Acabamos de analisar uma legislação religiosa, cujo objetivo era "perenizar" uma grande organização da sociedade, condição suprema para que a vida se *expanda* – o cristianismo se conferiu a si mesmo como missão pôr fim exatamente a semelhante organização, *porque nela a vida se expandia*. No primeiro caso, o produto da razão acumulado durante longos anos de experiência e de incerteza devia ser investido nas necessidades a extremo longo prazo e o resultado obtido devia ser o maior, o mais abundante e o mais completo possível; no segundo, pelo contrário, a colheita foi *envenenada* durante a noite... Aquilo que se erigia *aere perennius*[33], o *império romano*, a mais grandiosa forma de organização sob condições adversas que até agora não foi alcançada, e em comparação com a qual tudo o que precede e tudo o que se segue não passa de um esboço incompleto, grosseria, *diletantismo* – esses santos anarquistas se fizeram um dever de "devoção" destruir o "mundo", *isto é*, o *império romano*, até que não sobrasse dele pedra sobre pedra – até que os povos germânicos e outros rústicos tivessem podido apoderar-se dele... O cristão e o anarquista: ambos *decadentes*, ambos incapazes de agir de outra forma a não ser dissolvendo, envenenando, degenerando, *sugando o sangue*, ambos com o instinto de *ódio mortal* contra tudo que fica em pé, que se ergue em sua grandeza, tudo que é duradouro, tudo que promete futuro à vida... O cristianismo foi o vampiro do *império romano* –

[33] Expressão latina que significa mais duradouro que o bronze, extraída de obra do poeta latino Horácio (Odes, III, 30, 1) (NT).

destruiu numa noite a imensa obra dos romanos, a conquista de um território para fundar uma grande civilização *que tem o tempo diante de si*. – Será que isso não foi compreendido ainda? O *império romano* que conhecemos, que a história da província romana nos ensina a conhecer cada vez melhor, essa obra-prima admirável de grande estilo, era apenas um começo, sua construção estava calculada para *provar* seu valor ao longo de milhares de anos – até hoje nada foi construído de similar, até mesmo nunca se sonhou em construir em semelhante escala *sub specie aeterni*![34] – Essa organização era bastante forte para suportar maus imperadores: o acaso da personalidade não pode fazer nada em tais coisas – *primeiro* princípio de toda grande arquitetura. Mas não era forte o suficiente para resistir contra a *mais corrupta* das corrupções – contra o *cristão*... Esse verme clandestino que se insinuava furtivamente na noite, na névoa e no equívoco duvidoso até me cada indivíduo, sugando-lhe todo a seiva da seriedade pelas coisas *verdadeiras*, de todo instinto das *realidades* – esse bando covarde, efeminado e meloso desviou, pouco a pouco, as "almas" desse imenso edifício – essas naturezas preciosas, de uma nobreza viril, que tomavam a causa de Roma como sua própria causa, sua própria seriedade, seu próprio *orgulho*. A maneira furtiva dos carolas, a clandestinidade dos conventículos, das noções sinistras como o inferno, como o sacrifício dos inocentes, como a *união mística* no sangue que bebem e, acima de tudo, o fogo lentamente reavivado da vingança, da vingança dos *chandalas* – *foi isso* que dominou Roma: esse mesmo tipo de religião que, numa forma preexistente, Epicuro já havia combatido. Leia-se Lucrécio para entender contra *o que* Epicuro combateu, *não* o paganismo, mas o "cristianismo", isto é, a corrupção da alma por meio da noção de culpa, de castigo e de imortalidade. – Combatia os cultos *subterrâneos*, decididamente todo o cristianismo latente – negar a imortalidade já era então uma verdadeira *redenção*. – E Epicuro teria vencido, todo intelecto respeitável em Roma era epicurista – *foi então que Paulo apareceu*... Paulo, o ódio *chandala* contra "o mundo", contra Roma, tornado carne, tornado gênio, o judeu, o judeu *eterno por excelência*... O que ele percebeu foi, com a ajuda do pequeno movimento de seita cristão, à margem do judaísmo, como se pode provocar um "incêndio universal", percebeu como, com o símbolo "Deus na cruz", se pode

[34] Expressão latina que significa sob o aspecto do eterno, do ponto de vista da eternidade (NT).

reunir numa soma imensa de forças todas as classes baixas, todas as sedições clandestinas, toda a herança das maquinações anárquicas do império. “A salvação vem dos judeus.” – Fazer do cristianismo uma fórmula para sobrepor aos cultos subterrâneos de todas as espécies, por exemplo, o de Osíris, o da Grande Mãe, o de Mitra: nessa intuição é que consiste o gênio de Paulo. Seu instinto estava tão seguro disso que, com ousada violência contra a verdade, pôs na boca – e não só na boca – do “Salvador” as ideias de sua invenção que fascinavam as religiões *chandalas* – que *fez* dele algo que até os sacerdotes de Mitra podiam entender... Esse foi seu caminho de Damasco: compreendeu que tinha *necessidade* da crença na imortalidade para desvalorizar o “mundo”, que a ideia de “inferno” poderia se tornar predominante em Roma – que com o “além” se *mata a vida*. Niilismo e cristianismo[35]: são coisas que rimam, mas só rimam...

[35] (3) Nietzsche escreve “Nihilist und Christ” – niilista e cristão – que no alemão realmente rimam (NT).

59

Todo o trabalho do mundo antigo em *vão*: não tenho palavras para descrever o que sinto diante de algo tão monstruoso. – E, considerando o fato de que esse era um trabalho preparatório, que acabava somente de pôr as fundações de um trabalho milenar com uma consciência de si em granito, é todo o *sentido* do mundo antigo que foi em vão!... Para que serviram os gregos? Para que serviram os romanos? – Todas as condições de uma civilização sábia, todos os *métodos* científicos já existiam, o homem já havia aperfeiçoado a grande e incomparável arte de ler bem – essa condição da tradição da cultura, da unidade da ciência; a ciência da natureza, aliada à matemática e à mecânica, estava no melhor caminho – o *sentido dos fatos*, o último e mais precioso de todos os sentidos, tinha suas escolas, suas tradição já plurissecular! Compreende-se isso? Tudo o que é *essencial* para poder desenvolver um trabalho já havia sido descoberto: – os métodos, repetindo, *são* o essencial, bem como o mais difícil e o que há mais tempo têm contra si os costumes e a indolência. Tudo o que hoje reconquistamos por um indizível esforço sobre nós mesmos – pois, temos ainda, de certa maneira, todos os maus instintos, os instintos cristãos ainda agarrados em nossos corpos – a liberdade do olhar afiado diante da realidade, a discrição da mão, a paciência e a seriedade nas menores coisas, toda a *integridade* do conhecimento – tudo isso já existia há mais de dois mil anos! E *mais*, havia também o bom gosto e a fineza do tato! Não como um adestramento de cérebros! *Não* como educação "alemã", com seus modos grosseiros! Mas como corpo, como gesto, como instinto – numa palavra, como realidade... *Tudo isso em vão!* Do dia para a noite, nada mais que lembrança! – Gregos! Romanos! A nobreza do instinto, o gosto, a investigação metódica, o gênio da organização e da administração, a fé, com a *vontade*, num futuro da humanidade, o grandioso *sim* a todas as coisas encarnado no *império romano*, palpável para todos os sentidos, o grande estilo que não era simplesmente reduzido à arte, mas que se havia tornado realidade, verdade, *vida*... – E não sepultado, do dia para a noite, por uma catástrofe natural! Não pisoteado pelos germânicos e outros pesados plantígrados! Mas aniquilado por vampiros astutos, sinistros, invisíveis, anêmicos! Não conquistado – apenas corroído por dentro!... O rancor oculto, a inveja mesquinha, agora *dominantes*! Tudo o que é miserável, doente até a pele, tomado por maus sentimentos, todo o *gueto* da alma estava de repente no *pináculo*! – Basta ler qualquer agitador cristão, por exemplo, Santo Agostinho, para compreender, para *sentir o cheiro* desses gaiatos imundos chegaram ao pináculo. – Seria um erro total, entretanto, presumir que havia falta de inteligência nos chefes do movimento cristão: – oh! Eles são astutos, astutos até a santidade, os senhores pais da Igreja! O que lhes falta é algo de todo diferente. A natureza os dotou mal – esqueceu de lhes atribuir um modesto quinhão de instintos respeitáveis, convenientes, *limpos*... Dito entre nós, eles não são sequer homens... Se o islamismo despreza o cristianismo, tem mil razões para isso: o islamismo tem como condição *verdadeiros homens*...

60

O cristianismo nos fez perder a herança da civilização antiga e mais tarde nos fez perder aquela da cultura islâmica. O admirável universo da cultura dos mouros na Espanha, que é no fundo mais próximo de nós, que fala a nossos sentidos e a nossos gostos do que Roma e a Grécia, foi *pisoteado* (– não digo por que tipo de pés –). Por quê? Porque devia sua origem a instintos nobres, a instintos viris, porque dizia sim à vida e ainda com a rara e refinada magnificência da vida mourisca!... Mais tarde os cruzados combateram algo diante do qual teria sido mais apropriado que prostrassem no pó – uma cultura perante a qual nosso século XIX parece muito pobre, muito "atrasado". – É verdade que queriam saquear: o oriente era rico... Vamos ser objetivos! As cruzadas – pirataria em grande escala, nada mais! A nobreza alemã, que no fundo é uma nobreza de vikings, estava em seu elemento nas cruzadas; a Igreja sabia muito bem como *ganhar* a nobreza alemã.... A nobreza alemã, desde sempre a "guarda suíça" da Igreja, desde sempre a serviço de todos maus instintos da Igreja – mas bem *paga*... Quando se pensa que foi justamente com a ajuda das espadas alemãs que a Igreja moveu sua guerra de morte contra tudo o que é nobre na terra! Nesse momento surge uma multidão de perguntas dolorosas. A nobreza alemã brilha por sua *ausência* quase total na história da cultura superior: adivinha-se o motivo... O cristianismo, o álcool – os dois *grandes* meios de corrupção... Em si, não deveria haver escolha entre o islamismo e o cristianismo, como não há entre um árabe e um judeu. A decisão corre por si; não há mais liberdade de escolha aqui. Ou se é um *chandala* ou não se é... "Guerra de morte a Roma! Paz e amizade com o islamismo!": esse foi o sentimento, isso foi o que *fez* esse grande espírito livre, esse gênio entre todos os imperadores alemães,

Frederico II[36]. Como? Será preciso que um alemão seja gênio, espírito livre, para ter com as coisas sentimentos *decentes*? Não consigo imaginar como um alemão poderia sentir-se *cristão*...

[36] Frederico II (1194-1250), acusado de irreligião e ateísmo, apelidado de "Anticristo". Defendeu a ortodoxia e foi tolerante com todas as outras religiões, especialmente com o islamismo (NT).

61

Aqui é necessário evocar um fato cem vezes mais doloroso para os alemães. Os alemães levaram a Europa a perder a última grande colheita de cultura que era ainda possível colher – aquela da *Renascença*. Compreende-se finalmente, *será* que se compreende o *que* era a Renascença? *A transavaliação dos valores cristãos* – a tentativa empreendida com todos os meios, com todos os instintos, com todo o gênio para fazer triunfar os valores *opostos*, os valores *nobres*... Não houve até o momento senão *essa* grande guerra, não houve até o momento nenhuma questão mais decisiva que aquela da Renascença – *minha* própria questão é aquela que ela põe: – nunca houve uma forma de *ataque* mais radical, mais direta, mais estritamente dirigida contra o pleno centro e pelo conjunto do front! Atacar no lugar decisivo, na própria sede do cristianismo, colocar nela, sobre o trono, os valores *nobres*, isto é, *introduzi-los* nos instintos, nas necessidades e desejos mais profundos daqueles mesmos que ocupavam o poder... Vejo diante de mim a *possibilidade* de uma magia e de um atrativo em cores supraterrestre: – parece-me que cintila com todas vibrações de uma beleza sutil e refinada, que uma arte está aí em ação, tão divina, tão diabolicamente divina, que em vão se procuraria durante milênios uma segunda possibilidade desse gênero; vejo um espetáculo tão rico de sentido e, ao mesmo tempo, tão maravilhosamente paradoxal que todas as divindades do Olimpo deveriam ter com isso a ocasião de uma risada imortal – *César Bórgia, Papa*![37]... Compreendem-me?... Pois bem, essa teria sido a espécie de vitória que hoje somente *eu* desejo: – com ela o cristianismo teria sido *abolido*! – Que aconteceu? Um monge alemão, Lutero chegou

[37] (1) Cesare Borgia (1475-1507), filho do papa Alexandre VI, foi nomeado cardeal da Igreja em 1492, mas logo depois abdicou do cardinalato para se dedicar às armas. Truculento, violento, impiedoso, começou a se apoderar de todos os feudos e ducados da Itália, por meio das armas, de traições, de assassinatos. Depois da morte do pai dele, fugiu para a Espanha, pondo-se a serviço dos reis de Aragão. Morreu no campo de batalha.

em Roma. Esse monge, com todos os instintos rancorosos de um padre fracassado no corpo, se revoltou em Roma *contra* a Renascença... Em vez de compreender, com profundo reconhecimento, o milagre que havia ocorrido, a conquista do cristianismo em sua *sede* – usou o espetáculo apenas para alimentar seu próprio ódio. O homem religioso pensa somente em si mesmo. – Lutero viu a *corrupção* do papado, quando era exatamente o contrário que era preciso captar: a antiga corrupção, o *pecado original*, o cristianismo já não ocupava mais o trono do papa! Ao contrário, havia vida! Ao contrário, havia o triunfo da vida! Ao contrário, havia o grande sim a todas as coisas elevadas, belas, ousadas!... E Lutero *restabeleceu a Igreja*: ele a atacou... A Renascença – um evento sem sentido, uma grande *futilidade*! – Ah! Esses alemães, o que já nos custaram! Tornar tudo em *vão* – esse foi sempre o trabalho dos alemães. – A Reforma; Leibniz; Kant e a pretensa filosofia alemã; as guerras de "liberação"; o império – sempre um substituto fútil para algo que já existia, para alguma coisa *insubstituível*... Esses alemães, eu confesso, são meus inimigos; desprezo neles toda espécie de sujeira nos conceitos e nos valores, de *covardia* diante de todos os sim e os não sinceros. Há quase mil anos embaraçam e confundem tudo o que seus dedos tocam, têm em sua consciência todas as meias-medidas – a três oitavos! – de que a Europa está doente – e também pesa em sua consciência a mais imunda espécie de cristianismo que subsiste, a mais incurável, a mais irrefutável, o protestantismo... Se não se conseguir terminar com o cristianismo, os *alemães* são a causa disso...

62

– Com isto concluo e pronuncio meu veredicto. Eu *condeno* o cristianismo, levanto contra a Igreja cristã a mais terrível das acusações que um acusador jamais tenha pronunciado. Para mim ela é a maior das corrupções concebíveis, teve a vontade da última corrupção ainda possível. A Igreja cristã não poupou nada em sua corrupção, de todo valor fez um não-valor, de toda verdade uma mentira, de toda integridade uma vilania da alma. Que se atrevam ainda a me falar de seus benefícios "humanitários"! *Suprimir* uma miséria qualquer ia ao encontro de seu interesse mais profundo; ela viveu de misérias, ela *criou* misérias para se perpetuar... Por exemplo, o verme do pecado: é com essa miséria que a Igreja para começar presenteou a humanidade! – A "igualdade das almas perante Deus", essa hipocrisia, esse *pretexto* para o *rancor* de todas as almas vis, essa noção explosiva que terminou por se converter em revolução, em ideia moderna e princípio de decadência de toda ordem social – é dinamite *cristã*... Benefícios "humanitários" do cristianismo! Fazer da *humanitas* (humanidade, caráter) uma autocontradição, uma arte da ignomínia de si, uma vontade de mentira a todo custo, um desprezo de todos os instintos bons e honestos! Para mim esses seriam os "benefícios" do cristianismo! – O parasitismo como *única* prática da Igreja; com seus ideais de anemia, "de santidade", sugando todo o sangue, todo o amor, toda a esperança da vida; o além, vontade de negar toda realidade; a cruz, sinal de reconhecimento da conjuração mais subterrânea que jamais existiu – contra a saúde, a beleza, o sucesso, o bem-estar, o espírito, a *bondade* de alma, *contra a própria vida*...

Esta acusação perpétua contra o cristianismo quero escrevê-la em todos os muros, em toda parte onde houver muros – tenho letras que dariam a vista até aos cegos... Denomino o cristianismo a única grande maldição, a única grande corrupção interior, o único grande instinto de ódio, para o qual nenhum meio é suficientemente venenoso, sinistro, subterrâneo, bastante *mesquinho* – eu o chamo a única imortal imundície da humanidade...

E conta-se o *tempo* a partir do *dies nefastus*[38] em que essa fatalidade começou – a partir do *primeiro* dia do cristianismo! – *Por que não contá-lo a partir de seu último dia*? – *A partir de hoje*? – Transmutação de todos os valores!

---

[38] Expressão latina que significa dia nefasto (NT).

Lei contra o cristianismo

Publicada no dia da Salvação, primeiro dia do ano Um
(30 de setembro de 1888 do falso calendário).

Guerra de morte contra o vício: o vício é o cristianismo.

Artigo Primeiro – É viciosa qualquer espécie de antinatureza. A mais viciosa espécie de homens é o padre: ele *ensina* a antinatureza. Contra o padre não há razões: há a cadeia.

Artigo Segundo – Toda participação a um serviço religioso é um atentado contra a moralidade pública. Deve-se ser mais duro com os protestantes do que com os católicos, mas duro contra os protestantes liberais do que contra os protestantes ortodoxos. O caráter criminoso pelo fato de pertencer ao cristianismo se agrava à medida que se aproxima da ciência. O criminoso entre os criminosos é, por conseguinte, o *filósofo*.

Artigo Terceiro – O local amaldiçoado onde o cristianismo chocou seus ovos de basilisco deve ser demolido e transformado no lugar mais infame da terra e deverá constituir motivo de pavor para a posteridade. Lá devem ser criadas cobras venenosas.

Artigo Quarto – A pregação da castidade é uma incitação pública à antinatureza. Todo desprezo à vida sexual, toda imundície dessa vida pela noção de "impureza" é o verdadeiro pecado contra o Espírito Santo da vida.

Artigo Quinto – É proibido comer na mesma mesa de um padre: quem o fizer será excomungado da sociedade honesta. O padre é o nosso *chandala* – ele será proscrito, deve ser deixado morrer de fome, deve ser expedido para qualquer espécie de deserto.

Artigo Sexto – A história "sagrada" deve ser chamada pelo nome que merece: história *maldita*; as palavras "Deus", "salvador", "redentor", "santo" serão usadas como insultos, como marcas infamantes dos criminosos.

Artigo Sétimo – O resto nasce a partir daqui.

O Anticristo

VIDA E OBRAS DO AUTOR

Friedrich Wilhelm Nietzsche nasceu em Röcken, Alemanha, no dia 15 de outubro de 1844. Órfão de pai aos 5 anos de idade, foi instruído pela mãe nos rígidos princípios da religião cristã. Cursou teologia e filologia clássica na Universidade de Bonn. Lecionou Filologia na Universidade de Basileia, na Suíça, de 1868 a 1879, ano em que deixou a cátedra por doença. Passou a receber, a título de pensão, 3.000 francos suíços que lhe permitiam viajar e financiar a publicação de seus livros. Empreendeu muitas viagens pela Costa Azul francesa e pela Itália, desfrutando de seu tempo para escrever e conviver com amigos e intelectuais. Não conseguindo levar a termo uma grande aspiração, a de casar-se com Lou Andreas Salomé, por causa da sífilis contraída em 1866, entregou-se à solidão e ao sofrimento, isolando-se em sua casa, na companhia de sua mãe e de sua irmã. Atingido por crises de loucura em 1889, passou os últimos anos de sua vida recluso, vindo a falecer no dia 25 de agosto de 1900, em Weimar. Nietzsche era dotado de um espírito irrequieto, perquiridor, próprio de um grande pensador. De índole romântica, poeta por natureza, levado pela imaginação, Nietzsche era o tipo de homem que vivia recurvado sobre si mesmo. Emotivo e fascinado por tudo o que resplende vida, era ao mesmo tempo sedento por liberdade espiritual e intelectual; levado pelo instinto ao mundo irreal, ao mesmo tempo era apegado ao mundo concreto e real;

religioso por natureza e por formação, era ao mesmo tempo um demolidor de religiões; entusiasta defensor da beleza da vida, era também crítico feroz de toda fraqueza humana; conhecedor de si mesmo, era seu próprio algoz; seu espírito era campo aberto em que irromperam as mais variadas tendências, sob a influência de sua agitada consciência.

Espírito irrequieto e insatisfeito, consciência eruptiva e crítica, vivia uma vida de lutas contra si mesmo, de choques com a humanidade, de paradoxos sem limite. Assim era Nietzsche.

Impressão e Acabamento:
Gráfica Oceano